"走近中国"文化译丛·作家文丛 | 丛书主编 钱林森

18世纪法国视野中的中国

Henri Cordier

[法]亨利·考狄 —— 著
唐玉清 —— 译
钱林森 —— 校

La Chine en France au XVIIIe siècle

中央编译出版社
Central Compilation & Translation Press

图书在版编目(CIP)数据

18世纪法国视野中的中国/(法)亨利·考狄著；唐玉清译.—北京：中央编译出版社，2024.7

ISBN 978-7-5117-4736-5

Ⅰ.①1… Ⅱ.①亨… ②唐… Ⅲ.①文化交流–文化史–研究–中国、法国–18世纪 Ⅳ.①K203 ②K565.03

中国国家版本馆CIP数据核字(2024)第079193号

18世纪法国视野中的中国

出版统筹	张远航
特约策划	贾宇琰
责任编辑	翟 桐
责任印制	李 颖
出版发行	中央编译出版社
网 址	www.cctpcm.com
地 址	北京市海淀区北四环西路69号(100080)
电 话	(010)55627391(总编室) (010)55627302(编辑室)
	(010)55627320(发行部) (010)55627377(新技术部)
经 销	全国新华书店
印 刷	北京文昌阁彩色印刷有限责任公司
开 本	880毫米×1230毫米 1/32
字 数	131千字
印 张	7.125
版 次	2024年7月第1版
印 次	2024年7月第1次印刷
定 价	68.00元

新浪微博：@中央编译出版社　　微　信：中央编译出版社(ID: cctphome)
淘宝店铺：中央编译出版社直销店 (http: //shop108367160.taobao.com) (010)55627331

本社常年法律顾问：北京市吴奕赵阎律师事务所律师　闫军　梁勤
凡有印装质量问题，本社负责调换，电话：(010)55627320

为"走近中国"文化译丛作序

雷米·马修

在古希腊古罗马时代结束了很长时间之后,欧洲世界转向了中国,却丝毫不了解中国之文化何其博大、中国之历史何其流长、中国之疆域何其广袤、中国之人口何其众多。那么,为什么要走近中国?要知道,要不是因为那条自罗马帝国时代以来就闻名天下的丝绸商贸之路,中国对欧洲一直也并未表现出多少兴趣。钱林森教授主持了一项卓越的事业,就是通过主编这套"走近中国"文化译丛,从历史和跨文化的角度,来回答这个宏大而复杂的问题。该译丛收录了丰富多彩的著作(原著多为法文和英文),以帮助人们理解这样一些对中国都充满着热爱,或者最起码充满着浓厚兴趣的欧洲知识分子是如何从自己的旅行记忆、宗教信仰以及各自时代所获得的科学知识出发,自以为是地对中华文明加以解读和诠释的。

在欧洲与远东交往的历史上,起初有三种动机推动着欧洲人去发现中国:宗教、商贸和对未知事物的了解欲。可以说,这样一段发现的历程多少是遵循了这样一个历史演进规律的。在信奉基督的欧洲,人们有一种要引领新的族群皈依"真正信仰"的信念。正是这种信念帮助天主教扩张到了美洲、非洲,当然还有亚洲。尽管欧洲早已有人远赴中国探险,但西方渗入中国的最初尝试,应该算是传教士们(在十六世纪末)的成就。他们甚至还为此设立了一些长期稳定的传教使团,其中大多由耶稣会会士或多明我会会士领导。这些传教使团在中国大陆的存在一直持续到将近1950年时才告终结。所以,欧洲最初获得的有关中国的信息,要归功于这些教士,他们在努力培养信徒的同时,执着地自以为从中国人的思想和信念中发现了属于原始基督教的一些遥远的、变形的元素。当然,我们现在都知道,他们的这些先入为主的观念导致他们在理解中华文明时犯下了多么重大的错误。

紧随传教使团之后,或者说与之同步,掀起了解中国第二波浪潮的,是商人。这波浪潮在十七世纪,也就是路易十四时期,渐渐成为时代的潮流。那时,全欧各国贵族以及从事商贸的资产阶级的家里都充斥着来自中国的丝绸、瓷器和青铜器。资产阶级也希望能在亚洲,尤其是在中国,为自己的商品找到一片广阔的市场，而不需要承受太多的道义负担。这些富裕的家庭以及这些掌权的贵族对这些他们连产地名称都不清楚的"中国货"趋之若鹜。我们都知道，这样一种进攻态势的经济帝国主义发展到十九世纪，就导致了一些政治争端和军事战争，其中的标志就是两次鸦片战争以及随后那些给中国留下如此糟糕记忆的一系列"不平等条约"。无论如何，西方的商人们还是获得了对这个丝绸及牡丹之国的认识，尽管这种认知是以经济利益为基础的，并且因为方法论的缺陷而常常充满了误解。

最后，从十九世纪始直至今日，以西方文人为主体构成的"汉学家"群体一直致力于解读和传播古代传统中国的语言、文学、艺术、社会学和历史……要想理解中国是如何被西方"走近"的，首先就应该向他们求教。虽然不可否认，这些学者中有相当多也曾是传教士或商人，在解读古代和现代中国的运作机制上曾经有过宗教信仰或经济利益上的考量，但从此，欧洲涌现出了众多懂得中华文明的专家。当然，也不要忘记日本的学者，他们对汉字文化的熟悉程度是他们的明显优势所在。

本套丛书收录的著作并不能完整地反映欧洲汉学研究的全貌。要知道，所有的西方国家都曾经从各自的传统、各自的经济利益、各自的地理位置以及各自当时的政治或军事实力出发，来寻找通往中国的道路。葡萄牙、波兰、俄罗斯、荷兰、瑞典……这些国家虽然算不上欧洲汉学研究的大国，也算不上最强大的帝国主义列强，但它们也都曾开辟了自己通向中国的道路。这第一批书目收录的只是一些英文和法文原著的作品，但还是能让中国读者窥见现当代西欧对中国的看法。它也使读者可以重新发现一些伟大的学者，比如洪堡（Alexander von Humboldt，1769—1859），其研究领域虽然主要集中于自然科学和世界地理，但他其实也是最早关注中国语言的德国科学家之一。他曾和雷慕沙（Jean-Pierre Abel-Rémusat，1788—1832）合出过一部题为《关于汉语有益而有趣的通讯》（*Lettres édifiantes et curieuses sur la langue chinoise，1821—1831*）的文集，为法国学院派汉学研究贡献了一块主要基石。

汉语，因其不属于印欧语系并且表现出诸如"单音节""多音调"等与欧洲语言完全不同的特征，而常常成为西方作者进行自我观照的一个选项。本套丛书收录了一些或多或少涉及此类问题的作者及著作。比如白吉尔（Marie-Claire Bergère）和安必诺（Angel Pino）在1995年出版的《巴黎东方语言学院百年汉语教学论集（1840—1945）》（*Un Siècle d'enseignement du chinois à l'École des Langues orientales, 1840—1945*）就回顾了东方语言学院汉语教学的历史。而在那之前，在雷慕沙的推动下，巴黎的法兰西公学院（Collège de France）早在1815年就已经开始了大学汉语教学。

在语言方面，中国诗歌在现代出版物中占据重要地位。这在很大程度上要感谢朱笛特·戈蒂耶（Judith Gautier, 1845—1917），她把许多中国古诗译介成法语，于1867年编成了一本非常出色的集子《玉书》（*Le Livre de jade*），成为第一位编纂中国诗集的作家。这部作品令法国人了解了从上古至十九世纪的中国诗歌浩瀚的数量和卓越的品质，更让法国的诗人们领略了中国的诗歌艺术。1869年，她又［以其婚后姓名朱笛特·芒代斯（Judith Mendès）］出版了《皇龙》（*Le Dragon impérial*），深刻地影响了那个时代法国的精神世界，受到了维克多·雨果（Victor Hugo）和阿纳托尔·法朗士（Anatole France）的高度赞誉。到了离我们更近的时代，仍有一些法国作者将心血倾注于伟大的中国古诗，或加以研究，或进行译介。正如郁白（Nicolas Chapuis）在其于2001年出版的《悲秋——古诗论情》（*Tristes automnes*）中所出色完成的那样。他所因循的，是葛兰言（Marcel Granet, 1884—1940）在一个多世纪前走过的道路。葛兰言曾经出版过一本《中国古代的节庆与歌谣》（*Fêtes et chansons anciennes de la Chine*），试图通过对《诗经》中许多诗歌的翻译和解读勾勒出古代中国社会的轮廓。走在相似道路上的，还有英国的大汉学家阿瑟·韦利（Arthur Waley，1889—1966），他为欧洲贡献了大量中国和日本诗作的翻译。他之所以被收录于本套丛书，凭借的是他最有名的那部献给伟大诗人李白的著作《李白的生平与诗作》（*The Poetry and Career of Li Po，701-762 A.D.*），这部著作迄今依然是西方汉学研究的权威之作。而美国杰出汉学家狄百瑞（William Theodore de Bary，1919—2017）的研究显然更加集中于哲学层面，他于1991年出版了《为己之学》（*Learning for One's Self: Essays on the Individual in Neo-Confucian Thought*），努力地向好奇的西方读者介绍中国的"理学"思想。他可以算是一位向本国同胞乃至向全世界大力推介远东哲学的学院派汉学家。从一定程度上说，于1924年出版了《盛唐之恋》（*La Passion de Yang-Kwé-Feï, favorite impériale*）的乔治·苏里耶·德·莫朗（George Soulié de Morant，1878—1955）也是如此，他改编了唐朝杨贵妃等人的历史故事，并借机引述翻译了杜甫的一些诗篇。同一时期有一本题为《论中国文学》（*Essai sur la littérature chinoise*）的小册子也是他[以笔名乔治·苏里耶（Georges

Soulié)]发表的作品。

许多关于中国的作品，都是西方的学者文人编著的他们在中国旅行或生活的记录，但也有一些出自普通西方旅行者的笔下。他们只是想把自己的印象告诉当时的同胞，让后者了解有关中国这个遥远国度的真实或假想的神秘之处。其中最古老的一部，大约是《曼德维尔游记》(The Travels of John Mandeville)，该书作者身份不明，应该是生活在十四世纪的欧洲人；他以极尽奇幻绮丽的笔法详细地记载了他远行东方的历程。该书有可能对马可·波罗（Marco Polo，1254—1324）的精彩故事也产生了影响。本套丛书收录了离我们更近的克洛德·法莱尔（Claude Farrère）于1924年出版的《远东行记》(Mes Voyages: La Promenade d'Extrême-Orient)，令人不由得联想到皮埃尔·洛蒂（Pierre Loti）、亨利·米肖（Henri Michaux）、亚瑟·伦敦（Arthur Londres）等欧洲记者及作家，他们都曾在二十世纪初启程奔赴这个尚不为世人了解的远东国度，然后又都把充斥着令他们感觉奇特的画面、声音和气味的回忆带回到了西方。路易·拉卢瓦（Louis Laloy，1874—1944）在1933年出版的《中华镜》(Miroir de la Chine: Présages, Images, Mirage) 也属于这一大类。拉卢瓦对中国的音乐着墨颇多，因为他是当时为数不多的对中国音乐颇有钻研的专家之一；他还发表过多项关于中国乐器和中国戏剧的研究成果。值得一提的，还有乔治-欧仁·西蒙（G.-Eugène Simon, 1829—1896），他的《中国城》（*La Cité chinoise*）讲述了自己作为领事的回忆，在欧洲大获成功。许多曾经在中国居住或生活过的法国或英国的作家都用各具风格的文字记述了自己在中国的见闻，他们的作品不仅体现了他们的美学情感、文化体验，而且具有重要的文学价值。其中，值得人们铭记的名字有谢阁兰（Victor Segalen, 1878—1919），他创作了大量中国主题的文学作品，包括本套丛书收录的优秀作品《中国书简》（*Lettres de Chine*）。还有毛姆（William Somerset Maugham, 1874—1965），他于1922年发表的《中国屏风上》（*On a Chinese Screen*）是一部以中国作为背景的旅行日记式短篇小说集。哈罗德·阿克顿爵士（Harold Acton, 1904—1994）发表的题为《牡丹与马驹》（*Peonies and Ponies*）的集子也很有名，那是他在长居北京期间写成的，用一种纯英式的幽默记录了英国人和中国人之间的文化碰撞。从奥古斯特·博尔热（Auguste Borget, 1808—1877）的笔下，也能读到同样的文化碰撞，他的《中国和中国人》（*La Chine et les Chinois*）采用欧洲中心的视角去观照中国文化中"奇丽"的一面，颇受向往异域情调的西方读者们的欢迎。与此观点一致的，还有法国记者保罗-埃米尔·杜朗-福尔格（Paul-Émile Durand-Forgues，1813—1883）以笔名"老尼克"（Old Nick）创作的《开放的中华》（*La Chine ouverte*，1845年首版，2015年再版）。这本书如其书名所示，讲述了在惨烈的鸦片战争之后，中国被迫向西方列强打开大门。但最妙的，还要数儒勒·凡尔纳（Jules Verne，1828—1905）在其1879年的杰作《一个中国人在中国的遭遇》（*Les Tribulations d'un Chinois en Chine*）中虚构的幻想之旅，充满了丰富的创意，后来在法国还被改编成了电影。

雷威安（André Lévy）在1986年翻译推出的《1866—1906年中国士大夫游历泰西日记摘选》（*Les Nouvelles lettres édifiantes et curieuses d'Extrême-Occident par des voyageurs lettrés chinois à la Belle Époque, 1866-1906*）的一大成就，是展现了十九世纪末到欧洲游历的中国旅行者的反应，由此让我们看到了东方人对当时他们极为陌生的欧洲世界的看法。同样属于中国对西方进行见证这一类型的作品，还有陈丰·思然丹（Feng Chen-Schrader）在2004年出版的《中国文书——清末使臣对欧洲的发现》（*Lettres chinoises: Les diplomates chinois découvrent l'Europe, 1866-1894*），让我们

了解到清末中国的来访者在接触到欧洲时的所思所想。要知道，在那个互不了解的时代，中国和欧洲对彼此的认识同样少得可怜。

如前所述，中国艺术对欧洲的渗入始自路易十四时代。在法国，这种渗入在路易十五及路易十六时代进一步增强，这与中国的清朝在十八世纪达到鼎盛时期是一致的。中国艺术在法国登堂入室，对于十九世纪前夕的法国人了解中国文化至为关键。与此同时，中欧之间的商贸交流获得了重大飞跃，渐渐形成了欧洲产品对远东的经济入侵之势。亨利·考狄（Henri Cordier, 1849—1925）1910年发表的名著《18世纪法国视野中的中国》（*La Chine en France au XVIIIe siècle*）对这种同时出现在艺术和经济两个领域里的现象进行了研究。虽然直到二十世纪初，欧洲人对中国的思想一直不甚了解，但他们对中国的艺术表达却知之颇多，考狄的研究正好能够帮助我们理解这一点。当然，欧洲人对中国文化表达方式的认识并不局限于绘画、雕塑或丝绸艺术。中国的文学，尤其是中国的诗歌也进入了西方知识界，并给予了西方文学家和诗人们许多灵感和启迪。我们之前已经说过，这首先要感谢朱笛特·戈蒂耶。2011年，岱旺（Yvan Daniel）通过其在《精神对话：法国文学与中国文化（1846—2005)》中出色的研究，对历史这一尚不甚为人所知的方面进行了分析。他考察了约1840年前后的法国文学作品，尤其是保罗·克洛岱尔（Paul Claudel）以及谢阁兰的作品，论证了戈蒂耶译介中国诗歌对他们产生的影响。而在1953年，即新中国成立几年之后，明兴礼（Jean Monsterleet）在其《当代中国文学的高峰》中，对百年之后的中国文学文化重新进行了一番梳理。这种以竭尽全力打倒旧文化为目标的新文化，将中国的一种新面貌呈现在了对中国革命时期（1920—1950）涌现的当代中国作家知之甚少的西方读者眼前。我们还要指出的是，明兴礼是曾经在中国和日本传教的耶稣会士，因而他当然是从天主教的视角来对革命中国的社会政治实践进行考察的。

走近中国，恰如钱林森教授为这套丛书精心遴选的文本所证明的那样，是欧洲历史中一段形式极其丰富、历时极其持久的历程。这些著作既反映了欧洲人认知中国的水准何其之高，也反映了他们认知中国的程度何其局限。这些局限是人所共知的：每个民族都会因其信仰、科学知识以及风俗习惯而在某种程度上视自己为"世界的中心"，从而使自己受到了局限。理解他人、认识他人是困难的，难就难在我们总是顽固地以为我们可以以己度人。这一点，庄子和淮南子等伟大的思想家早已作出过论述。我们也看到，正如清朝文人在游历西方时发表的感言所揭示的那样，中国人在认识欧洲的过程中也存在着同样的现象。尽管如此，还是必须强调，要是没有欧洲的（正面的以及负面的）影响，中国就不可能成为今日之中国，同样，没有中国为欧洲文化和技术带来的贡献，欧洲也不可能成为今日之欧洲。这便是雷米·马修（Rémi Mathieu）在 2012 年出版的著作《牡丹之辉：如何理解中国》（*L'Éclat de la Pivoine. Comment entendre la Chine*）中所捍卫的观点。他提醒人们不要淡忘中国和欧洲为彼此作出的贡献，以及双方有时都不愿承认的对彼此欠下的债务。这套囊括众多著作的丛书彰显了分处欧亚大陆两端的欧中双方希冀提升相互理解的共同愿望，的确是一件大大的功德。

雷米·马修（Rémi Mathieu）

2020 年 9 月 10 日

（全志钢 译）

理解中国：法兰西的一种热爱
——为"走近中国"丛书作序
郁 白①

中国是一个巨大的存在。她存在着。无视她的存在，是盲目的，况且她的存在日益显要。——夏尔·戴高乐，1964年1月8日

2014年，为纪念法国与中华人民共和国建立外交关系五十周年，法国外交部档案室对有关十八世纪以来曾经代表法国来华的学者、外交官及译者的一系列文献进行了整理汇编，结集成册，以《中国：法兰西的一种热爱》(*La Chine: une passion française*) 为题出版。

钱林森教授在这套"走近中国"丛书中推介的法国学者文人们关于中国著述的中文译本，强化了这样一种认识，即

---

① 当代法国汉学家、翻译家，资深外交家。

法国的知识分子一直和中国保持着一种充满激情的关系。英国大汉学家史景迁（Jonathan Spence, 1936—2021）在其于1998年出版的关于西方对中国的想象之作《大汗之国：西方眼中的中国》（*The Chan's Great Continent: China in Western Minds*）中，将此称作"法国人的异国情缘"："当时（十九世纪末）的法国人把他们对中国的体验和见解凝练成了一套颇为严密的整体经验，我称之为'新的异国情缘'。那是一段交织着暴力、魅惑和怀念的异国情缘。皮埃尔·洛蒂（Pierre Loti）、保罗·克洛岱尔（Paul Claudel），还有维克多·谢阁兰（Victor Segalen），他们三人都在1895年至1915年期间在中国生活了一段时间。他们都坚信自己看到了、听到了、感受到了真正的中国。因为他们都是拥有巨大影响力的作家，所以他们把自己对中国的见解刊印出来，既拓展了西方对于中国的想象，同时又遏止了这种想象的泛滥。"

如果确如亚里士多德的名言所说，"理解欲乃人之天性"（《形而上学》），那么走近中国，对于法国而言，曾经是，现在依然常常是这种欲望的升华。正是在这种欲望升华的驱使下，诸多法国人深度地亲身参与到这个进程中，为理解中国投入了大量心力，并为之痴迷。这种痴迷，归根结底，就是受到了一个在众多方面都超乎理解的国度的吸引。中国的读者或许会问,法兰西对中国的这般"激情"是合理的吗?对于他们,我们只要简单地回答说:要想达致真正的理解,就必须先学会爱。

本套丛书辑录的文本所反映的,就是这样一个求索的过程。在中国,有太多人抱持这样一种论调,认定西方"不理解"中国。这些文本应该可以为这样的论调画上句号了。诚然,法国知识分子对中国的印象与中国在不同历史阶段想要向世人展现的印象可能并不一定相符。但在文化关系中,感受与实际同样重要。一味宣称"实际情况不是这样的",并以此为由去否认另一方的理解,这样的做法不仅毫无建设性,甚至是有害的。更有意义的做法,应该是对两者之间的差异、距离甚至是鸿沟进行测量评估,以便架起新的理解的桥梁。

且以安德烈·马尔罗(André Malraux,1901—1976)的名著《人类的境遇》(*La Condition humaine*,获得1933年龚古尔文学奖)为例。它讲述的是1927年上海工人起义遭镇压的故事。有评论说这部小说"消解了(西方人对中国的)幻想但又不致令人绝望",而这一效果的达成,虚构在其中起到的作用要比纪实大得多。而且这本书是欧洲第一部预言中国革命的作品。

离我们更近一些的例子,是尼古拉·易杰(Nicolas

Idier, 1981—)在 2014 年出版的《石头新记》(*La musique des pierres*)。易杰曾任法国驻中国大使馆文化专员,他笔端流露的对画家刘丹（1953—）的真挚感情令读者感动。他说刘丹"画的是中国（未来）在经历了一段漫长的阴霾后迎来的复兴"。这本书延续了三个世纪以来以中国为题的法国文学的传统,把一段充满个人主观体验的讲述打造成了一份关于艺术及艺术家在当今中国所发挥的作用的证词。

我在这里提及这些并未被钱林森教授收录进这套丛书的作品,目的是吊一下中国读者们的胃口。要知道:对中国的热爱是法国文学的一个鲜明特点。除了在法国,还有哪个国家会有那么多以中国作为核心研究对象的院士？前有阿兰·佩雷菲特（Alain Peyrefitte, 1925—1999）和让-皮埃尔·安格雷米（Jean-Pierre Angrémy, 1937—2010）,今有程纪贤（François Cheng,中文笔名"程抱一",1929—）,他于 2002 年当选法兰西学院院士,是法国历史上第一位华人院士。

这套丛书是钱教授特地为法国的一些汉学家准备的颁奖台。我们要热烈地感谢他记录下法国汉学家们在理解中国的进程中所作出的重大贡献。而且他们的贡献常常超越法语世界的边界。葛兰言（Marcel Granet, 1884—1940）、雷维安（André Lévy, 1925—2017）、白吉尔（Marie-Claire Bergère,

1933—）和雷米·马修（Rémi Mathieu, 1948—）培养的一代代学生如今已经成为执掌法中两国关系的主力。法国的中国文化教学也从未像今天这样兴旺繁荣，而中文也已经成为法国中学生的一门选修外语。这一切，都为法国在未来更加全面地走近中国打下了基础，为唤醒法国文学的全新使命打下了基础，为法国对中国更深沉的热爱打下了基础。

郁白（Nicolas Chapuis）

2020 年 5 月 3 日，北京

（全志钢译）

"走近中国"文化译丛主编序言

钱林森

"走近中国"文化译丛书系,是 21 世纪初我主持编译的西方人(欧洲人)"游走中国""观看中国"的小型文化译丛。这套文化译丛的酝酿、构想,始于 20 世纪末与 21 世纪之交,而最终促成其创设、实施的机缘,却源于遐迩闻名的山东画报出版社一位素未谋面的年轻编辑曹凌志先生的一次造访。2002 年 10 月深秋的一天,曹先生手持一部大清帝国时代的法文原版精装书来宁见我,他一见到我,便开门见山地介绍道:这是他们山东画报出版社从西南四川等地,经多处庙堂辗转而得手的一部图文并茂的法语原著。社里领导很想将此书翻译成中文正式面市,但不知它写的什么内容,值不值得翻译出版刊行。所以要请专家评估一下。曹先生庄重地申言:"我们曾首先咨询过北京社科院外文所法国文学大家柳鸣九先生的高见，是柳鸣九先生建议我们来宁登门拜访您的。"——不由分说，便把他手持的法文原版书递过来。受宠于我所敬重的权威学者之举荐，岂容怠慢？我就诚惶诚恐地连忙接过客人递过来的这部精装珍稀读物，认真地翻阅起来，方知这原是19世纪法国一位匿名游记作家老尼克（Old Nick）所撰，并由同时期法国著名画家、旅游家奥古斯特·博尔热（Auguste Borget）作插图的图文并茂的"游记"①，是西人"游"中国、"看"中国、想象中国、认识中国的时兴文体。初看起来，内中虽不无作者舞笔弄文的杜撰，但其历史文献的意义，却是显而易见的，加之书内附有清朝时期罕见的栩栩如生的写生插图画，其珍贵的文化价值和收藏价值，毋庸置疑，因此，它也就被顺理成章地收进了敝人酝酿有年的"走近中国"文化译丛书系。

"走近中国"文化译丛最初的构想，是想编选"域外人"（包括东洋人和西洋人）"游"中国、"看"中国的大型文化游记书系，而域外的中国游记，浩如烟海，受制于个人精力、能力和出版诸因素，编选者最终只取一瓢饮。选择的标准有二：一是该文本的跨世纪影响力，即这些文本迄今为

---

① 指（法）老尼克著，奥古斯特·博尔热作插图的《开放的中华——一个番鬼在大清国》。

止还时不时地影响着西方人对中国的看法,是西人眼里的经典。二是该文本的文学、历史价值,即这些文本不仅有较强的可读性,且有重要的历史价值和文化意义。首辑仅选法、英两国 10 部长短不等的中国游记,即(法)老尼克的《开放的中华》(La Chine ouverte,1845)、(法)格莱特(Thomas-Simon Gueullete,1683—1766)的《达官冯皇的奇遇——中国故事集》(Les Aventures merveilleuses du Mandarin Fum-Hoam: Contes chinois,1723)、(法)奥古斯特·博尔热(Auguste Borget,1808—1877)的《中国和中国人》(La Chine et les Chinois,1842)、(法)绿蒂(Pierre Loti,1850—1923)的《在北京最后的日子》(Les Derniers Jours de Pékin,1901)等组成一套小型书系,于 21 世纪头 10 年间,由山东画报出版社、江苏人民出版社、上海书店出版社出版。首辑译丛正式面世时,我曾就其编选动因和译丛的创意与宗旨作了如下说明:

> 中西方文明的发展与相互认知,经历了极其漫长的道路。两者的相识,始于彼此间的接触,亦可以说,始于彼此间的造访、出游。事实上,自人类出现在地球上,这种察访、出游就开始了,可谓云游四方。"游",是与人类自身文明的生长同步进行的。"游",或漫游、或察访、或

远征，不仅可使游者颐养性情、磨砺心志，增添美德和才气，而且能使游者获取新知，是认识自我和他者，认识世界、改变世界的方式。自古以来，人类任何形式的出游、远游，都是基于认知和发现的需要，出于交流和变革的欲望，都是为了追寻更美好的生活。中西方的互识与了解，正开始于这种种形式的出游、往来与接触，处于地球两端的东西（中西）两大文明的相知相识和交流发展，正由此而起步。最初的西方游历家、探险家、商人、传教士和外交使节，则构筑了这种往来交流的桥梁，不论他们以何种机缘、出于何种目的来到中国，都无一例外地在探索新知、寻求交流的欲望下，或者在一种好奇心、想象力的驱动下，写出了种种不同的"游历中国"的游记（包括日记、通讯、报告、回忆录等）之类的作品，从而构成了中西方相知相识的历史见证，成为西方人认识自我和他者、认识中国、走近中国的历史文献，在中西交流史上具有无可取代的价值和意义。对这些历史文本作一番梳理、介绍，它本身就是研究"西学"和"中学"不可忽略的一环，是深入探讨中西方文化关系无法回避的重要课题。翻译出版"走近中国"文化译丛最初的动因正在于此。

在中西方两大文明进行实质性的接触之初，在西方对东方和中国尚未获得真实的了解和真确的认知之前，西方人——西方旅游家、作家、思想家和传教士，总习惯于将中国视为"天外的版舆"，将这个遥远、陌生而神秘的"天朝"看作不同于西方文明的"异类世界"，他们在其创作的中国游记，以及有关中国题材的其他著作中，总是按照自己的意愿与想象塑造自己心目中的中国形象——一个迥异于西方文化的永远的"他者"形象。在西方不同时代、数量可观的中国游记中所创造的这种知识与想象、真实与虚构相交织的"中国形象"，无疑是中西交通史上一面巨大的镜子，从中显现出的不仅是"中国形象"创造者自身的欲望、理想和西方精神的象征、文化积淀，也是西方视野下色泽斑斓、内涵丰富复杂的"中国面影"。这就决定了，西方的中国游记和相关题材的著作，既是中国学者研究"西学"的重要历史文献，又是西方人研究"中学"的历史文本，其深刻的学术价值是显而易见的。西方的中国游记对中国的描写和塑造，不仅激发了西方作家、艺术家的创作灵感，也为西方哲人提供了哲学思考的丰富素材，启发了他们的思想智慧。一如有些文化史家所指出的，"哲学精神多半形成于旅游家经验的思考之中"[①]。西

[①] 艾田蒲：《中国之欧洲》（上），许钧、钱林森译，河南人民出版社1992年版，第197页。

方早期的中国游记，虽然多半热衷于异乡奇闻趣事的报道而缺乏哲学的思考，但它们所提供的中国信息、中国知识和中国想象，却给人以思考，为西方哲人，特别是16世纪以降人文主义、启蒙主义思想家提升自己的哲思，建构自己的学说，提供了绝好的思想资源和东方素材，并且成为他们描述中国、思考中国不可或缺的参照。这样看来，西方的中国游记所蕴含的思想价值和哲学意义，也是不言而喻的。我们还注意到，历代西方的中国游记所传递的中国信息、中国知识，不仅使西方哲人深层次地思考中国、认识中国提供了可能，而且也直接地促进西方汉学的生成和发展。西方中国游记和类似的"中国著作"，特别是17、18世纪来华耶稣会士的游记和著述，所展示的中国形象、中国信息、中国知识，直接构成了18世纪欧洲"中国热"主要的煽情材料和思想资源，直接助成了19世纪西方汉学生长和自觉发展的重要契机，其文化意义也毋庸置疑。如是，文化译丛"走近中国"的创意，正基于此。

那么，在难以数计的西方游记和相关著述里，中国在西方视野下究竟呈现着怎样的面貌？这难以数计的游记、著述又如何推动西方汉学的生成与发展？它们在西方流布,到底在传播着怎样的中国神话、中国信息、中国知识,从而深化西方人对中国的了解和认识,使之一步步走近真实的中国?这便成了本译丛梳理、择选的线索和依据,以此而为读者提供一幅中西方相知相识、对话交流的历史侧影,正是本译丛的编译宗旨。

新编"走近中国"文化译丛,严格遵循首辑译丛所确立的编译宗旨和编选标准,但在入选作者国别和作品文体、内容方面却有所不同。首辑出版的"走近中国"文化译丛入选作品,主要是法、英旅游家、作家所撰写的中国游记、信札、日记等文类,而新编入选作品,则集中择选法国作家、汉学家(含中国驻法使节、留法学人)所撰写的思考、研究中国文化的著述,除游记、信札、报道类外,还包括散文随笔、传奇、戏剧、哲学对话和学术专论等各类文体在内的著作。这就是说,行将推出的新编"走近中国"文化译丛,不止于西人"游走中国"的游记,着重收入的是法、中两国作者所撰的研究中国文化的著述,包括文学创作和学术研究两类著述,是法、中学人互看互识、对话交流的跨文化学术丛集。"走近中国"文化译丛的编选做这样的变动,实出于编选者能力与知识积累的现实考量,也出于编选者自身研究的实际需要与诉求，因为此时编者也正担负着主编《中外文学交流史》之在研课题。如此面世的文化译丛，必将为源远流长的中西（中法）文化文学关系研究搭建一方坚实、宽阔的跨文化对话平台，也必将为日趋深入拓展的跨文化比较文学研究提供新的学术场域。

新编的"走近中国"文化译丛，以"游记"类和"文库"类两辑，即文学作品之"作家文丛"、学术著述之"学者文库"两辑刊行面世。恪守首创宗旨和选择准则，本译丛精选自17世纪以降，侧重18世纪至20世纪的法国作家、思想家、汉学家（含留法华人学者）研究中国文化有影响力的近20部作品。每部中译本皆有导读性的译者序或译者前言，并且尽可能地附有原著插图，以图文并茂的新风貌展现于世。具体书目为：马塞尔·葛兰言（Marchel Granet, 1884—1940）著《中国古代的节庆与歌谣》（*Fêtes et chansons anciennes de la Chine*），白吉尔（Marie-Claire Bergète）、安必诺（Angel Pino）主编的《巴黎东方语言学院百年汉语教学论集（1840—1945）》（*Un siècle d'enseignement du chinois à l'école des langues orientales, 1840-1945*, 1995），岱旺（Yvan Daniel）著《精神对话：法国文学与中国文化（1840—1945）》（*Littérature française et culture chinoise, 1846-2005*, 2000），雷米·马修

(Rémi Mathieu)著《牡丹之辉：如何理解中国》(*L'Éclat de la Pivoine. Comment entendre la Chine*, 2012)，郁白(Nicolas Chapuis)著《悲秋——古诗论情》(*Tristes Automnes, poétique de l'identité dans la Chine ancienne*, 2001)，路易·拉卢瓦(Louis Laloy, 1874—1944)著《中华镜》(*Miroir de la Chine: Présages, Images, Mirage*)，乔治·苏里耶·德·莫朗(George Soulié de Morant, 1878—1955)著《盛唐之恋》(*La passion de Yang Kwé fei, Mercure de France, revue, septembre-octembre*, 1922)，毛姆(W.Somerset Maugham)著《中国屏风上》(*On a Chinese Screen*)等。近20部不同文体的作品与著述，敬献于广大读者，就正于海内外方家。感谢一直与编者一起携手共耕的译者朋友们，感谢始终默默地关注着、支持着本文化译丛的亲朋挚友和学界师长、同仁们。

"走近中国"文化译丛选载的上述作品，皆属18至20世纪法国（含英国）作家、汉学家"游走中国""观看中国""认识中国"、思考和研究中国的各类不同文体的优秀之作，是法（英）国作者，一代接一代，瞭望中国、想象中国、描写中国的色泽斑斓、琳琅满目的集锦荟萃，堪称法、英文苑的奇花异草，构成了一道靓丽的风景线。这些作品的作者们，之所以一代又一代心仪"他乡""远方""别处"，不断地瞭望东方——中国,关注中国、描述中国,并不总是出于一种对异国情调和东方主义的"痴迷",实出于认知"他者"和反观"自我"的内心需要。"在中国模子中,我只是摆进了我所要表达的思想。"——20世纪法国作家谢阁兰的这句话最好不过地表达了这一代法、英作者关注中国、了解中国、描写中国的真实愿望,旨在借中国这面镜子来反观自己,确立自身的形象。他们之所以一往情深地渴望远方、别处,寻找"他者",恰恰反映了他们对自己认识的深层需求,一种"时而感受到被倾听的需求,时而(抑或同时)产生倾诉、学习和理解的需求",一种杂糅了自我抒发与理解他者的"必要"。克洛岱尔将处于地球东西两端的法中两个不同民族、不同文明之间的这种相互瞭望、相互寻找、互证互识的双向运动比作一种自然现象——"海洋潮汐"①。从这个意义上说,他们"瞭望"东方、"游走"中国、"寻找"他者,也许正是另一种方式的寻找自我,或者说,是寻找另一个自我的方式;他者向我们揭示的也许正是我们自身的未知身份,是我们自身的相异性。他者吸引我们走出自我,也有可能帮助我们回归到自我,发现另一个自我。由此可见,即将面世的"走近中国"

---

① Paul Claudel, *La Poésie française et l'Extrême-Orient* (1937), in *Œuvres en prose*, Paris, Gallimard, coll. *Bibliothèque de La Pléiade*, 1965, p.1036.

文化译丛，呈现于诸君面前的这些作品的作者们，之所以如此一代接一代地渴望东方，远眺中国，寻找他者，如此情有所钟地"醉心"于中国风景，采撷中国题材，一部接一部地不断描写中国，抒发中国情怀，认知中国，正是他们认知自身的需要，他们"看"中国，正是反观自己、回归自己的一种需求，一种方式和途径。如此，从跨文化研究的方法论学理层面看，"走近中国"文化译丛所提出的课题，不仅涉及这些法（英）国作家在事实上接受中国文化哪些影响和怎样接受这些影响的实证研究，还应涉及他们如何在自己的心目中构想和重塑中国形象的文化和心理的考察，研究他们的想象和创造；不仅要探讨他们究竟对中国有何看法，持何种态度，还要探讨他们如何"看"，以何种方式、从什么角度"看"中国，涉及互看、互识、互证、误读、变形等这一系列的跨文化对话的理论和实践的话题，是关涉中外（中法）文化和文学交流史研究的基础性工程，其学术价值和意义，毋庸置疑。

采撷域外风景，载运他乡之石，是当年创设"走近中国"文化译丛之动因、初衷，同理同道，广揽域外风景，汇编成集，呈现于国人，不是为了推崇异国情调，追寻异国主义，而是为了向诸君推开一扇窗户，进一步眺望远方，一览窗外的风景，旨在借助外来的镜像来反观自己，认识自己，从而确立自身的形象。众所周知，他山之石，可以攻玉。打开室内窗户，直面窗外景象，一览无余，我们自身的面貌也就清晰地浮现出来，一如有西方学者所言，在天主教"三王来朝"的时候，在我们的对面肯定会有一张毫无掩饰的面孔出现："在面孔中所反映出来的他人，从某种意义上恰恰揭示了他本人的造型特征。就像一个人在打开窗户的时候，他的形象也同时被勾画了出来。"① 我们编译出版"走近中国"文化译丛，希望诸君看到17世纪以降至20世纪，这一时代映现在西方人眼中的中国，这个时代西方人注视中国、想象中国、创造中国的"尤利西斯式"目光。那目光可能不时流露出傲慢与偏见，但其中表现在知识与想象的大格局上的宏阔渊深、细微处的敏锐灵动，也许，无不令人钦佩、击节，甚至震撼。总之，诸君倘能闲来翻书，读到"走近中国"文化译丛，击节称奇，从中感到阅读欢愉，发出会心的微笑，那便是对我们的勉励，倘能借助这面互证的镜像，打开"窗外的风景"，反观自己，审视自己，掩卷长思，从中受到教育，那便是对我们最大的奖励。

---

① （法）埃马纽埃尔·勒维那斯：《他人的人道主义》，袖珍书，图书馆散文集，1972年，第51页。

值此"走近中国"文化译丛付梓刊行之际,我们由衷地感谢出版方中央编译出版社的诸位领导,感谢他们始终坚守契约精神和不离不弃的支持、合作,感谢编译社诸位编辑的悉心编审,感谢翻译团队师友们携手共耕、辛勤付出,感谢法国知名汉学家雷米·马修先生、郁白先生在百忙中欣然赐序,拨冗指教。

钱林森

2023 年 5 月 30 日,大病未愈,居家养病期间定稿

南京秦淮河西滨,跬步斋陋室

前 言

在1889年和1900年的巴黎万国博览会上,日本取得了举世瞩目的地位。之后,这个日出之国的艺术在我们国家大为流行(这一点有充分的证据可以表明,我们很快就会谈到),以至于使人遗忘了衍生出这种艺术的中国艺术从前在欧洲的重要地位。

现在我想要追踪的是,中国这个天神之国的艺术和文学在我们国家产生影响的一些轨迹,特别是在18世纪相当长的时间里,它曾风靡一时,使人狂热。

此外,这种影响持续的时间相对来说是短暂的。在我们国家,中国艺术尤其具有了一种特性,也就是一时的迷恋,是一种风尚,一种短促的好奇劲儿。

目 录

第一章 古代艺术—丝绸之路—荷兰人—瓷器—英国人—
茶 001

第二章 小摆设—在中国的法国传教士—中国工艺品—
猴嬉图—挂毯—绘画—纺织品—家具 024

第三章 中国皇帝的战争—中国建筑艺术—花园 059

第四章 巴黎的中式浴场—游乐场—旋转秋千游戏—
塞拉凡(Séraphin)戏剧—莫罗夫人(Moreau)—
中国丝线 092

第五章 马丁漆—画册—屏风—其他物品—肖恩
(Chaulnes)公爵的书房 104

第六章 中国的书—伏尔泰(Voltaire)—狄德罗(Diderot)
—让-雅克·卢梭(Jean-Jacques Rousseau)—
孟德斯鸠(Montesquieu)—爱尔维修(Helvétius)
—戏剧—小册子 118

第七章　在法国的中国人：沈福宗（Chin Fo-Tsoung）—
　　　　黄嘉略（Arcade Hoang）—胡若望（Jean Hou）—
　　　　高（Ko）（类思）和杨（Yang）（德望）　　　133

附　录　　137

第一章 古代艺术—丝绸之路—荷兰人—瓷器—英国人—茶

在古代，中国作为丝绸的生产国，名声已经很大了。蚕和桑树事实上土生土长于这个国家的北方，而地道的丝绸技艺直到公元 6 世纪还是中国的一个谜。在公元 1 世纪，中国著名的将军班超（Pan Tch'ao）征服了整个塔里木（Tarim）松盆地，这个盆地组成了那些流经天山（T'ien-chan）南部城市的河道，它的泄洪口就是罗布泊（Lob-Nor）。之后，亚洲西部和东部的联系更为方便了。正是在这一时期，马其顿批发商人马埃斯·提提亚缪斯将一些关于丝绸之路的讯息提供给泰尔的马里努斯（Marin de TYR），这些资料后来又被保存在地理学家托勒密的著作中①。这条路从幼发拉底河（l'Euphrate）畔的赫拉波利斯（Hiérqpolis）开始，经过赫卡敦派（Hékatompylos）、阿里亚（Aria）和马尔吉亚纳（Margiana），到达巴克特尔（Bactres），然后再向北到科麦迪

---

① 译注：在公元 150 年的《地理志》第一卷第二章中。

(Komedi)山区,这个山区将奥克修斯(l'Oxus)和瓦赫夏普河(Wakhshab)、卡拉特甘(Karategin)分开,接着到了阿兰(l'Alai)平原,那里有众多的牧场,之后离开奥克修斯盆地,进入塔里木盆地。过了石塔和塔什-库尔干(Tach-Kourgan)之后,经由托-米吕(Taun-murum)通道,就到了一条作为交通枢纽的大道。费而尕那(Ferghana)经过捷列瓦-大宛(Terek-Dawân)和卡施尕尔(Kachgar)在这条路上汇合。但是石塔的具体位置还没有被确定,可能就是我们从帕米尔(Pamir)高原的塔-多姆巴什(Tagh-Doumbash)向北攀登时遇到的那个。

弗洛吕[①](Florus)列举了一些在奥古斯都时代从罗马派出传教团的王公贵族。贺拉斯(Horace)多次跟我们提到这一点:

> 拉开祖传的弓,把箭射到中国去?
>
> (——《颂歌1.29》)

中国另一个著名的产品就是瓷器,在中世纪就很有名,我们稍后就会谈到。

即使在古代,外国人也并不是不了解丝绸,正如我们刚

---

① 译注:Pulbius Annius Florus 或作 Julius Florus (C.70?—C.140?),罗马作家,曾经著作罗马皇帝哈德良(Hadrianus,76-138)统治期间(117-138)的历史。以叙述军事为主。他以将罗马史划分为婴儿期、青年期、成熟期和衰败期(指奥古斯都时代以后)四期而著名。

才提到的那样。然而，只有在15世纪末，当葡萄牙人穿越南非的好望角（le Cap de Bonne-Espérance），并重新开启了连通印度和中国的道路之时，这个东亚的伟大帝国和它的手工业才开始在欧洲被人普遍地认知。1514年，随着葡萄牙军队和平庸的批发商人一起在广东登陆，葡萄牙展开了在中国的贸易活动，然而他们只是让中国商品在西欧有了一种缓慢的传播。轮到荷兰人进入在东亚的角逐后，横越印度洋的、数量可观的运输额才稳定下来，直到那时贸易才达到了前所未有的飞速发展。

荷兰人到远东的第一次旅行是在1597年。1602年，著名的荷兰东印度公司[①]成立，这个公司于1619年在当地一个军事堡垒的废墟上建立起巴塔维亚城[②]（Batavia）。除了在印度尼西亚的巽他群岛（l'île de la Sonde）上的商行以外，荷兰人还在台湾和日本的长崎港内的出岛（l'île de Deshima）上办了商行[③]。在日本，只有荷兰人和中国人是被批准允许在长崎定居的，其他欧洲人都在1641年被德川幕府的军队驱逐出了这

[①] 译注：荷兰东印度公司成立于1602年3月20日，1798年解散。荷兰文原文为Vereenigde Oostindische Compagnie，简称VOC，中文全文应译为"荷兰联合东印度公司"。其公司的标志是以字母V串联O和C，上方的A为阿姆斯特丹的缩写。在它存在的将近两百年间，总共向海外派出1772艘船，约有100万人次的欧洲人搭乘4789航次的船前往亚洲地区。平均每个海外据点有两万五千名员工，一万两千名船员。

[②] 译注：也就是现在印度尼西亚的首都雅加达。

[③] 译注：当时外国商人在东南亚设立的商务机构自称为"公司"（factory），也就是"商馆"，俗称"洋行"。

个日出之国。

正是依靠这个小岛上的商行,荷兰人不仅出口日本的产品,而且也出口那些经由日本批发商从附近的群岛运来的中国货。这样,中国的瓷器开始大量涌入欧洲,这种瓷器在中世纪已经相当出名。阿拉伯商人曾经将它们远销到非洲海岸,我们可以通过在马达加斯加(Madagascar)和索马里(Somalis)海岸上找到的一些瓷器碎片证明这一点,而在古代埃及君主送给欧洲统治者的礼物中也发现了瓷器。马可·波罗(Marco Polo)向我们讲述了在福建(Fou-Kien)的载通(Zayton)[①]制造的瓷器。在保存于卢浮宫的厄内斯特·格朗迪迪埃先生(Ernest Grandidier)的精美收藏品中,有一个香炉,据说是属于著名的威尼斯(Venise)旅行者的,它来自达维耶(Davillier)男爵,威尼斯圣马可(Saint-Marc)大教堂宝库的看守把这个香炉作为礼物送给了他。这是一个用产自福建的白色陶瓷铸就的八角形坛子,制作的年代是宋朝。

在把瓷器贩卖到远东市场后,荷兰人根据自己的要求定做了一些特殊的装饰,这一点又被其他人所效仿。在江西省景德镇制造的瓷器一般是在广东上漆画的[②],比如在格朗迪迪埃的收藏品中就有一个大瓷盘,它的底部是1756年雅克布·里斯克(Jacob Rysik)船长在中国指挥的弗里比尔

[①] 译注:也就是泉州,穆斯林人称为"刺桐"(zaiton),马可·波罗也把它叫作 çaiton。

[②] 译注:即所谓的"广彩",清代的刘子芬在《竹园陶说》中是这样记载的:"于景德镇烧造白器,运至粤垣,另雇工匠,仿照西洋画法,加以彩绘,于珠江南岸之河南,开炉烘染,制成彩瓷,然后售之西商。"

(Vryburg）号，桅杆上飘动着荷兰国旗。同一套餐具里的一个小碟子保管在塞弗尔（Sèvres）（瓷器馆）。我们也注意到在巴黎的吉美博物馆①（Musée Guiment）和日内瓦的阿利亚纳博物馆②（Musée Ariana）珍藏的富盖总监（Fouquet）③的一套餐具中，有一只印有松鼠的碟子。总的来说，人们仅限于在碟子的底部或者是花瓶凸起的部分画上收货人的纹章。比如，同样在阿利亚纳博物馆我们看到一只印有德·蓬帕杜（de

---

① 译注：全称是国家亚洲艺术博物馆（Musée Nationale des Arts Asiatiques）。它的中国部拥有两万余件收藏品，涵盖了中国艺术从起源到十八世纪，将近七千年的历史。这个博物馆起源于里昂工业家爱米尔·吉美（Emile Guiment）的个人收藏，最初是想要展示埃及、古罗马、希腊和亚洲的宗教艺术。1927年归属于法国博物馆总部，因而接纳了一大批由保罗·伯希和、爱德华·沙畹等人在中亚以及中国获得的艺术品。此后又收到印度支那博物馆的原件真品。同时法国赴阿富汗的考古队也提供了丰富的出土文物。1945年起，法国国家博物馆的收藏开始大规模地重新整合，吉美博物馆把它的埃及收藏转让给卢浮宫，而后者则把亚洲艺术部作为回赠。自此，吉美博物馆就成为全世界首屈一指的亚洲艺术博物馆。

② 译注：它是瑞士唯一一个面向公众开放，全部收藏均是陶器和玻璃制品的博物馆。藏品数量达18000件左右，是欧洲同类收藏中最多的。藏品涵盖了欧洲、中东和亚洲700年间的陶瓷和玻璃制品，以及相关的制造技艺。

③ 译注：尼古拉·富盖曾经是路易十四的财政总监。传说他中饱私囊，聘用当时水平最高的设计人员，盖了一所富丽堂皇的府邸，并邀请王公大臣去参观。路易十四看到之后被激怒，因为相形之下，自己的皇宫已经相当破旧。三个星期后，富盖被投进监狱，判处无期徒刑。接着，路易十四动用了大量的人力物力，修建了著名的凡尔赛宫，而设计人员几乎是负责建造富盖府邸的原班人马。

Pompadour）夫人①徽章的碟子。另外，这些花瓶到达欧洲的时候，通常带有镀金的青铜饰。去年，也就是1908年，就有人在伦敦的克里斯丁（Christie's）拍卖场以130畿尼②出售一套18世纪的中国餐具，上面印有昂雅斯（Amyas）将军的徽章，他是诺福克（Norfolk）地区（太平洋上的岛）的封建领主。可能是他从中国带回了这套餐具，然后又在英格兰的洛威斯托夫特（Lowestoft）手工作坊里画上了徽章。传教士们也效仿东印度公司，在塞弗尔（瓷器馆）和吉美博物馆，我们注意到一些盘子、茶托和杯子被装饰上了以黄金烘托的灰色单色画，上面都是圣徒们的画像：圣·伊尼亚斯（Saint Ignace）或是圣·弗朗索瓦-萨维耶（Saint François-Xavier），或是一些宗教场面：耶稣的受洗、受难和复活等。有的时候，订货也会挑选那些完全具有教化作用的装饰主题，还有人要求的主题没有具体的意义，仅仅是为了符合他们个人收藏的喜好。人们也会复制一些外国画家的名画，比如弗拉戈纳尔（Fragonard），或者是一些有才华的艺术家的雕塑，比如皮勒芒（Pillement）、克兰斯坦（Kleinstein），甚至还复制了拉封丹（La Fontaine）的《寓言》（阿利亚纳博物馆）。中国人也制作一些欧洲人的小雕像，比如说骑士的形象。在吉美博物馆还有一

---

① 译注：蓬帕杜夫人（de Pompadour, Jeanne Antoinette Poisson, 1721—1764）是路易十五有名的情人，出身中产阶级。她从小受到良好的教育，是18世纪中期法国艺术的保护者和推广者。

② 译注：旧时英国的金币，相当于21先令。

个以观音（Kouan-yin）的姿态出现的荷兰人小雕像，那是用产自福建的瓷做成的。

中国式的装饰并不一定符合买家的喜好，于是，人们就借助于再装饰的工艺，也就是说在原有的中式装饰上附加一些欧化的修饰①。在荷兰的代尔福特（Delft）②，这种工业取得了迅猛的发展，并扩展到了欧洲的其他国家，比如萨克森（Saxe）和威尼斯就深受其影响。塞弗尔（瓷器馆）就拥有一个1740年左右在切尔西（Chelsea）工场再装饰的杯子（第3493号）。同一组收藏里的另一个则装饰着"酒神的凯旋"（第9703号）。事实上，同样在塞弗尔，大概在近1775年的时候，人们已经在中国瓷器的凸起部分镀上金。接着，他们发现更直截了当的方式是引进白瓷，然后就地制作和装饰。18世纪上半叶，热里特·冯·代·康德（Gerrit Van der Kande）商店就是以买卖这种产品而在代尔福特出名的。

除了皇族之外，历史还为我们保留了一些18世纪中国瓷器大收藏家的名字：封佩尔蒂斯（Fontpertuis），他的财富在1747年12月到1748年1月间就四散了；画家克瓦佩尔（Coypel）（1753年拍卖）；德·朱利安娜（de Jullienne）夫

---

① 译注：法国国王路易十四就曾令宰相马扎兰派人到广东定做带有法国甲胄、纹章的瓷器。俄国沙皇彼得大帝也曾在中国定做瓷器，在故宫博物院就保存着一个在景德镇制作的样品———只印有俄国双头鹰国徽的五彩茶罐。

② 译注：据记载，1634年的时候，这里的陶窑已经学会制作中国青软瓷碗。后来这里出产的瓷器以此地命名。

人，也就是安托万·瓦脱（Antoine Watteau）①的有见识的保护者，她死于1766年，在她收藏品的拍卖目录上有250件是中国和日本的瓷器，1767年拍卖所得款额为90000法磅②；国王的秘书盖尼亚（Gaignat）（1768年拍卖）；包税人③朗东·德·布瓦塞（Randon de Boisset）（1777年拍卖）；马扎兰（Mazarin）公爵夫人（1781年拍卖）；奥蒙（Aumont）公爵（1782年拍卖）。

在曲解了中国瓷器的性质以后，人们开始模仿，或者说至少在当地的产品上装饰一下表现中国人物或者伪中国的主题。代尔福特就是这种工业的大中心，在克吕尼博物馆④

---

① 译注：安托万·瓦脱（1684—1721）是法国18世纪洛可可时期最重要的画家，路易十五时代达到高潮的洛可可艺术，是流行于法国宫廷的一种浮华柔媚、内容贫乏的艺术运动，但是，瓦脱作为画家本人，却并非贵族出身，而是一个手工业者的后代。他年轻的时候在画店当学徒，1710年第二次到巴黎后，以两年时间完成了他最重要的《驶向西泰岛》。他在这幅宽约两米的油画中，把法、意两国民间传说中的爱情之岛，描绘成一个虚无缥缈、可望而不可及的地方。从1710年到1717年，他先后画过3幅同一题目的画作，并以此画被接受为法国皇家学院美术院士。在将近10年的时间里，瓦脱拼命地作画出售，严重损害了健康，终因肺病在壮年去世。

② 译注：法国旧时的记账货币，它的价值随着时间和地点而有所不同，后来被法郎所取代。

③ 译注：17—18世纪法国旧制度下的包税人收取间接的税，然后把承包的那部分缴纳给国家。

④ 译注：现在称为国立中世纪博物馆，主要展示古代和中古时期的艺术。博物馆本身有一部分是高卢罗马时代的浴场古迹。

(Musée de Cluny）我们可以看到一个由不倒翁构成的茶壶，表现的是一个戴着三角帽，肥头大耳的荷兰人，还有标号为3858的盘子和标号为3867的一个色彩鲜艳的刮胡子的盒子。在我看来以下这些地区的生产也值得关注：

英国的切尔西、伍斯特（Worcester）和普利茅斯（Plymouth），后者位于英格兰西南部，我们知道在1745年到1774年间那里有个科克沃斯（Cockworthy）工场。阿利亚纳博物馆保存着产自于这里的两件珍贵样品，就是一对大象形的牛奶咖啡杯，一个穿着绿色宽松式束胸外衣和红色宽松长裤的中国人爬到了大象上，露出了光着的小腿，头上还戴着一顶帽子。

匈牙利的奥利茨（Holitsch），萨克森的梅森（Meissen），同样在阿利亚纳博物馆，我们可以看到一个产自1796年的瓷人。

意大利的卡波迪蒙蒂（Capodimonte）[①]、巴萨诺（Bassano）和那不勒斯（Naples），佛兰德斯（Flandre）[②]的图内（Tournai）。

法国的这种工业极度繁荣，在全国范围内传播开来。这

[①] 译注：卡波迪蒙蒂在意大利那不勒斯附近，也指18世纪时这里出产的以此地命名的瓷器。

[②] 译注：中世纪欧洲一个伯爵的领地，包括现比利时的东佛兰德省和西佛兰德省以及法国北部部分地区。

里，我选取一些当时可以作为制造中心的地名：安省（Aire），那里的普勒多姆（Preudhomme）先生于18世纪建造的彩釉陶器工场生产过一些普通的产品，不是很引人注目；现在人们可以把那些以前当作产自诺曼底（Normandie）或中央平原（Centre-Massif）的碟子归结为是出自阿尔图瓦（l'Artois）的；圣-奥梅（Saint-Omer）和鲁昂（Rouen）（克吕尼博物馆3195、3664、3346号收藏，其中3664号是个纪念性的大文具盒）；斯特拉斯堡（Strasbourg），在塞弗尔（瓷器馆）保存着产自此地的一个花盆的套盆，上面有约瑟夫·昂农（Joseph Hannong）的签名。还有两个保存在南希（Nancy）历史博物馆的碟子（第837、838号），它们用一般的陶制成，上了含锡的釉，上面的中式装饰有明亮的反光；我们不能把约瑟夫·亚当·昂农（1759—1780）和保罗·昂农（Paul Hannong）（1737—1754）混淆起来，前者在德国巴伐利亚（Bavière）的弗朗肯塔尔（Franckental）开办工场，后者则在斯特拉斯堡；吕内维勒（Lunéville），圣-克莱芒（Saint-Clément），尼德尔维耶（Nidervillers）（克吕尼博物馆的第3758号藏品就是这里的作坊生产的一个大文具盒，上面是一个知识渊博的中国人，他的手倚靠着一本书）；伊斯莱特（les Islettes），萨玛代（Samadet）（朗德省 Landes），圣保罗（Saint-Paul）（瓦兹省 Oise），穆兰（Moulins），穆斯蒂埃（Moustiers）（下阿尔卑斯省 Basses-Alpes），桑斯尼

第一章 古代艺术—丝绸之路—荷兰人—瓷器—英国人—茶

(Sinceny)（埃纳省Aisne），我注意到在塞弗尔（瓷器馆）有一个产自这里的水果碟，标注的生产日期是1749年，上面有多米尼克·佩尔维（Dominique Pellevé）的签名，而在卢浮宫，有个18世纪的文具盒，是吉罗多（Giraudeau）先生的遗赠；梅纳西-维勒瓦（Mennecy-Villeroy），巴黎的库尔蒂耶（Courtille）。阿利亚纳博物馆拥有一个1791年出产于普亚（Pouyat）和吕森热（Russinger）工场的瓷质蓄水池，白色的底装饰着金的和彩色的人物；万塞（Vincennes），最后是尚缇伊（Chantilly），从这里出去的产品变得稀少而昂贵。众多优质的货品珍藏在尚缇伊城堡①，我留意到在宝石厅里面有个大

---

① 译注：在巴黎附近，包括一个仅次于卢浮宫的古代绘画博物馆，一个藏有众多珍稀资料的图书馆和最有代表性的中英式花园。

从1386年至1897年，这个城堡都由同一家族继承，从未转卖他人，这使得城堡的维护与风格有相当的一致性。它的辉煌历史，可从15世纪开始，由于与两任国王弗朗索瓦一世、亨利二世有血亲关系，这个家族一直是最有权势的皇室成员之一，从城堡7800公顷的占地面积与华丽的绘画装饰上可见其备受尊崇的一面。

到了17—19世纪的波旁王朝，城堡有两位重要的主人，分别是国王的表亲大孔代和路易-菲力浦（Louis-Philippe）国王的儿子亨利，也就是后来受封欧马公爵的"奥尔良的亨利"。他8岁时从伯父孔代王子（le prince de Condé）那里继承了这个城堡，之后开始一连串的扩建与整修。亨利把个人的藏书、绘画、素描、首饰、艺术品等一并放进城堡。到了1884年，这位欧马公爵将城堡主权移交给法兰西研究院，让它成为国家产业。1898年公爵过世后，法兰西研究院便将私人财产的城堡更名为孔代博物馆，向民众开放。

城堡博物馆中还珍藏着一颗稀世罕见的桃红色钻石，重五十克拉，是路易国王赠送给孔代王子的礼物。

盘子，是阿尔贝·热拉尔（Albert Gérard）赠送的；在装饰艺术博物馆，人们可以欣赏到尚缇伊和梅纳西（Mennecy）的精美瓷器，那是费茨-亨利（Fitz-Henry）的收藏，于1909年12月14号在德鲁奥（Drouot）艺术馆分散拍卖。其中有一个用尚缇伊瓷制成的文具盒，上面是一个中国人，两腿间抱着一个地球仪，它以25000法郎起拍，最后以26500法郎成交。

尚缇伊的瓷制中式餐刀——德尔福的餐碟
（藏于装饰艺术博物馆）

请跟随我在波旁（Bourbon）公爵于1725年创立的瓷器工厂上稍作停留，大家把它称为小尚缇伊，靠近奥思匹斯

第一章 古代艺术—丝绸之路—荷兰人—瓷器—英国人—茶

(Hospice)喷泉广场①。它是为大众生产的，但是"公爵先生自然成了主要的客户，我们注意到，他死后最后一笔2772法磅的预付款是给尚缇伊的瓷器商人西鲁（Cirou）先生的，他把这个工场当作1737年、1738年和1739年的供货源地。"但是，这个工场声名远播，就连国王自己都用尚缇伊的产品来装饰他的卫生间。1741年12月16日，国王挑选了以下物品丰富自己的家具储藏，要了"一只镀银的盥洗用的大水壶和配套的盛水盆，是尚缇伊的瓷器；一个双柄平底大口牛奶杯以及配套的茶碟、四个带盖子的盛调味品的罐子也都是那儿来的瓷器"。公爵先生这个工场的其他产品也被用来装饰大特里亚农宫（Trianon）②的客厅，使用最多的是汤盆、果酱罐子和各种各样的香炉。奥尔良（Orléan）公爵也在那里订购了一些餐具，专门用于他在维耶-科特雷（Villers-Cotterets）的家里使用，这些餐具是模仿他先前在尚缇伊的展览上看到的特殊展品制作的。孔代（Condée）博物馆保存了大约150件

---

① G. Macon, *Les Arts dans la Maison de Condé. Revue de l'Art*, XI, 1902, p.203.

② 1670年，路易十四在凡尔赛宫花园为情妇蒙特斯潘修建了特里亚农瓷宫。瓷宫的装饰受当时流行的中国瓷器的影响，以蓝白彩绘陶瓷为主。1686年路易十四决定将其拆除，在原址修建大特里亚农宫，内设72个房间和舞厅，当时经常在此举行舞会和夜宴。小特里亚农宫建于1762年，据说是路易十五受大特里亚农宫的启发，为他宠爱的蓬帕杜夫人建造的。它的建筑风格典雅别致，与众不同，被认为是新古典主义的杰作。

18世纪产自这个工场的各种类型的物品,有大大小小的瓶子、花盆的套盆、香炉、储水壶、药瓶、花盆架子、高脚架、茶壶、盘子、碟子、杯子、芥末罐、糖罐等,其中一些在今天看来已经是相当珍贵了。从宏观上来对以上物品作整体考察也是很有意思的,它使人能了解到1725年到1789年间瓷器制造所经历的持续的变化与发展①。

在被马孔(Macon)引用的一项研究中,热尔曼·巴普斯特(Germain Bapst)提供了一些关于瓷器生产的有趣的细节:

"西凯尔·西鲁(Sicaire Cirou),也就是德·里厄(de Rieux)先生,直到1751年一直是工场的主管,他痴迷于制造一种所谓的朝鲜瓷器,主要是使产品有一些非常考究的宗教外形。比如一些六角形或八角形的瓶子,或是一些圆的花盆套盆。有的时侯,他在制作的过程中也根据自然特征来构形,比如一些水果形状的茶壶。他所用的瓷泥肯定比不上在塞弗尔的皇家工场生产的精细,因为尚缇伊的土在烘烤之后还留有黄棕色,但是人们可以用一种以不透明的锡为基础的覆盖物来掩饰它,就好像把这种物质用在陶器上一样。这是尚缇伊的一大贡献,因为当时的人们普遍采用的是透明的釉和以铅为基础的覆盖物,然而含锡的、不透明的釉具有双重

---

① G. Macon, *Les Arts dans la Maison de Condé. Revue de l'Art*, XI, 1902, p. 202.

的优势，它既可以让瓷器上令人讨厌的颜色消失掉，又能使画在上面的多彩的颜料产生赏心悦目的效果。尚缇伊那些模仿朝鲜瓷器的产品，复制了一些日本猴嬉图①，通常还有猴子和松鼠在缠绕着葡萄藤的竹篱笆间嬉戏。人们在不透明的覆盖物上还会看到翩翩起舞的蓝色、绿色蝴蝶构成的条状装饰，或者是从日本画里复制过来的布满鲜花的装饰。使用的颜色是红色、浅蓝色、亮绿色、黄色和黑色。"②

稍晚一些，尚缇伊工场就"不再模仿朝鲜瓷器，而是开始复制一些非常珍贵的中国乾隆时期的瓷器，尤其是用新的色调重新生产塞弗尔和萨克森的货品，比如说孔雀蓝、深绿色和天青绿"③。

圣-富瓦（Saint-Foix）让我们知道，"数年前，人们就在巴尼奥兰（Bagnolet）的周边地区发现了一种黄色的土，它和制成中国瓷器的原料相似"④。可能有一些巴尼奥兰的产品，但是我还没有看到。

---

① 译注：此类画的主角有的时候是猴子，它们滑稽地模仿人类的行为，但是有的时候也可以是做出滑稽动作的人。

② G. Macon, *Les Arts dans la Maison de Condé. Revue de l'Art*, XI, 1902, p. 203.

③ G. Macon, *Les Arts dans la Maison de Condé. Revue de l'Art*, XI, 1902, p. 206.

④ *Essais historiques sur Paris*. Pour faire suite aux Essais de M. Poullain de Saint-Foix. Par Aug. Poullain de Saint-Foix. À Paris, An XIII 1805, p. 194, note.

左上:装洋葱的罐子,万塞的瓷器〔夏瓦尼亚克(Chavagnac)的收藏品〕。右上:芥末罐,鲁昂上彩釉的瓷器(藏于装饰艺术馆)。下:不倒翁文具,尚缇伊的细瓷,彩色装饰这里，我必须要提到玻璃，像瓷器一样，它们也用中式的图案装饰。我只以一个18世纪产自瑞士的短颈玻璃瓶为例，它保存于阿利亚纳博物馆，是乳白色的底，上面用金子和多重色彩勾勒出一名打着伞的中国男子，伞下是一名中国女子。

波旁公爵出于个人的兴趣，在大城堡的地下室也建立了实验室和手工作坊，那里生产一些仿自印度画的画布和能与中国货相媲美的釉漆。

也有人专门画一些样本：1734年，让-安托万·弗雷斯（Jean-Antoine Fraisse）为尚缇伊工场用铜板刻印了53幅版画，主题是"一本关于中国绘画的书——根据波斯、印度、中国和日本的原作印刷"，这本册子1735年在巴黎的Ph.-尼克.洛坦（Ph.-Nic. Lottin）出版社以一卷对开本的形式出版。比肖（Buc'hoz）的书则以一百幅彩色版画的形式展现了一百种中国植物，它是一套名为《中国和欧洲花园里种植的最漂亮、最珍贵的花集粹》彩色丛书的一部分，"作者自称，这本书适用于自然学家、花匠、画家、制图者以及瓷器、珐琅、丝绸、羊毛和棉布作坊的管理者，还有其他的艺术家"[①]。1784年，雅克·夏尔东（Jacques Charton），一名荣誉政府官员，画了一套共12本的《国外的花、水果、珊瑚和贝壳》丛书。

---

① G. Macon, *Les Arts dans la Maison de Condé. Revue de l'Art*, XI, 1902, p.206.

此外,制造者从不试图混淆产品的产地:萨克森的中国瓷器被如实地印上了两把剑的标记,而由尚缇伊工场生产的是一个号角标记。我注意到在法国王位的女继承人,也就是萨克森的玛丽·约瑟夫(Marie-Josèphe)的财产清单中就有"一个萨克森的瓷质鼻烟盒,还有一个印有中式图案,金质凹槽的脸盆"①。它们并不能给人以现代瓷器[比如产自土耳其的萨姆松(Samson)]的错觉,打猎的号角是杜布瓦(Dubois)兄弟的标志,人们通常把尚缇伊工场的建立归功于他们。

有趣的是,中国人也开始模仿欧洲的瓷器。我在塞弗尔(瓷器馆)注意到第 8902 号中式藏品复制了圣·克鲁(Saint-Cloud)的作品,他的制作者,制陶工人莫兰(Morin)领导了第一家这样的工场,他们仿制皇家的陶器,还在广东来的釉上复制欧洲的主题或是画。

18 世纪中期,在最终确立广东的贸易地位之前,英国人主要是从他们在日本的商号获取中国货物的,但这种状况只维持了相当短的时间。因为他们曾给夏·阿巴斯(Chah Abbas)一世提供过帮助,这使得英国人能够在位于波斯湾(Golfe Persique)入海口的贡布鲁(Gombroun),也就是后来被叫作本代·阿巴斯(Bender Abbas)的港口城市定居下来。正是在这个港口,他们出口一些由波斯君主的中国制陶工人

---

① Germain Bapst, *Inventaire de Marie-Josèphe de Saxe, Dauphine de France. Paris*, 1883, in-4, p.143. — Mars 1767.

在伊朗的伊斯帕罕（Ispahan）生产的瓷器，它们被称为"贡布鲁陶瓷"。这种瓷器与中国的相比更加细腻，它的装饰混合了工人的祖国和居住国家的风格。英国人在中国是以西欧旅行家的形象出现的，但是，他们也是茶的积极推广者。从9世纪开始，人们就在雷诺（Reinaud）翻译的《编年史系列》①中读到："（中国的）皇帝在种类繁多的丰富矿产中，只在盐和一种需要在热水里泡了以后饮用植物上给自己保留了特权。人们在所有的城市出售这种植物，获得巨额的利润，它被称为茶，叶子比三叶草多，闻起来很芳香，但是有一种苦味。水煮开了以后，人们把它倒在这种植物上。这种饮料在任何情况下都是有益的。"

荷兰的汉学家居斯塔夫·施莱格尔（G. Schlegel）博士在他标题为《茶第一次引进荷兰》的论文中②告诉我们，根据海牙国家档案馆的助理管理员 H.-T. 科朗布朗代（H.-T. Colenbrander）对 G.-P. 鲁法埃（G.-P.Rouffaer）所作的一段冗长的提问笔录，在 1650 年到 1651 年的海运货物提单中提到，日本的茶以提亚（Thia）的称呼进口到阿姆斯特丹。里面还提到一封荷兰东印度公司的 17 个主管写给殖民地总督的

---

① Paris, 1845, I, p.40.

② T'oung Pao, Série II, Vol. I, 1900, pp.468 seq. 译注：他与本书的作者，法国汉学家亨利·科尔迪埃在 1890 年共同创办了当时西欧唯一的汉学杂志，即英法德文合刊的《通报》，科尔迪埃任编辑。

信,日期是1637年1月2日。信中称:"因为茶开始被一些人所接受,我们所有的船舰都期待着某些中国的茶叶瓶能和日本的一样畅销。"科朗布朗代先生认为近1667年的时候,茶已经被大规模地进口了。

我们在英国东印度公司的档案中找到一封信,是该公司的职员R.威克汉(R.Wickham)先生于1615年6月27日在日本的费朗多(Firando)①写给在米阿考(Miaco)的伊顿(Eaton)先生的,他在信中要"一包最醇正的茶叶",这是有关茶的最早记录。Tch'a是俄罗斯人给茶的称呼,他们通过中国北方获知这个发音并且保存在自己的语言中。俄语是чай,希腊语是τδάς。在日本,对于同一种植物所用的Tch'a这一相同称呼表明,尽管这个日出之国的居民们与福建有着众多的联系,但他们还是通过中国的北部,也有可能是通过朝鲜认知茶的。对于我们,茶是以tê这个在中国南部的发音进入西欧的,这是福建的方言,在那里茶的产量很大,而且质量上乘。茶在18世纪中期被引进到英国,英国海军秘书佩皮斯(Pepys),是个真正的"长舌妇",在1660年9月25日自己的日记中写道:"我派人去找一杯叫tee的中国饮料,之前我从没喝过。"

我们说第一本有关茶的书,当时价值60先令,是在大瘟疫时期(1665年)由洛德·阿林顿(Lord Arlington)从荷

---

① 译注:尽管在费朗多的基督教徒从1606年开始就已经不少了,但是,日本君主对他们还是充满敌意。1624年的时候有一次大规模的迫害。

兰带回来的，但这是错的。那么，1788年蒙塔居（Montagu）夫人接受了由多塞（Dorset）公爵从法国引进的风尚，也就是赠送茶的这种说法就不再是确切的了。1710年3月的《泰特勒》（Tatler）报有一则这样的广告："最上乘的皇家茶，18先令；红茶有12先令，16先令，20先令和24先令的；各种绿茶，最低价为12先令。想要购买，就去贝德福（Bedford）区的'星'商店，在贝德福大街和卡文（Covent）公园附近。"

在斯特朗（Strand），汤姆咖啡馆的旧址上，托马斯·特里宁（Thomas Twining）（他的画像是由霍加斯Hogarth所画）于1710年建立了一个茶馆，就在德弗勒（Devereux）法庭旁边，用的招牌是"啊，金色里昂"，在经营茶叶生意的同时，这年他又开了一家银行。1910年2月20日，特里宁有限公司举办了200周年店庆。

法国的茶是从荷兰运过去的。

在一封1648年3月10日吉·帕坦（Gui Patin）写给里昂的斯邦（Spon）博士的信中写道："下周四，我们这里有一篇论文要答辩，很多人都抱怨做得不好。它的结论是：因此，中国茶可以让人感觉舒适。最后的推论谈到了茶，但是在论文的其他部分一点都没有涉及。我已经跟这个人说过，chinensium不是拉丁文，托勒密、克吕韦修斯（Cluvérius）、约瑟夫·斯卡利热（Josephe Scaliger）和所有写过中国（Chine这个词在当时的法文中带有贬义的倾向）的作家们，在作品中都用

sinenses, sinensium 或者 sina, sinarum。这个幽默又无知的家伙却告诉我说,他的手头有一些作家都用 chineneses,那些人可比我举例的作家有名得多。我怀疑他的那些作家没有一个是像样的。我想这个人写这篇论文并不是真的研究茶这种植物,而只是为了向我们的总理大人献媚而已,对这种'药'的夸赞就是来自这个官员。而对于他们所吹嘘的好处,没有人敢发誓保证,事实上,人们不能确定它有任何有益的效果。"①

在1648年3月22日吉·帕坦写给同一个人的另一封信中,他又提到了这篇论文:"我们一个极其自负,又很精明的博士,叫莫里塞(Morisset)的,写文章支持这篇本世纪最无理的新作,借此想增加上司对自己的信任,使这篇关于茶叶的论文传播出去,他和论文作者一样,得出了正面的结论。所有的人都无法证实这篇论文,我们已经有一些博士把它给烧了,向系主任提出的诉讼已经被批准了,你就等着看好戏吧。"②

阿尔福雷德·福兰克林(Alfred Franklin)认为,正是在这封1648年3月22日的信中,人们在巴黎第一次提到茶,

---

① *Lettres de Gui Patin*, 1630-1672. Nouvelle édition collationnée sur les manuscrits autographes publiés... par le docteur Paul Triaire. T. I. Paris, Honoré Champion, 1907, in-8, pp.567/8.

② *Lettres de Gui Patin*, 1630-1672. Nouvelle édition collationnée sur les manuscrits autographes publiés... par le docteur Paul Triaire. T. I. Paris, Honoré Champion, 1907, in-8, pp.564/5.

他还补充说:"不应当把吉·帕坦的讽刺看得很严肃,他是所有革新,尤其是医药方面创新的反对者。他所贬低的那篇论文以'茶能让人感觉舒适吗?'为题更好。它得到了阿尔芒-让·德·莫维兰(Armand-Jean de Mauvillain)业士的支持,也就是在1666年成为主席的那个人,他接任1660年当选的菲利普·莫里塞。根据帕坦所写的,茶早已为巴黎人所赏识,到1648年3月,就剩下如何保存的问题了。"①

吉·帕坦也让我们了解到:"马扎兰喝茶是为了让自己免受痛风之苦。那不是祛除颞髎病痛的有效药剂。"

在整个17世纪下半期,出现了大量赞颂这种中国植物好处的宣传册。丹麦国王的御医菲利普·西尔威斯特·迪福(Philippes Sylvestre Dufour)和J.N.佩奇兰(J.N.Pechlin),还有巴黎医生比埃尔·佩蒂(Pierre Petit)是它主要的捍卫者。很多的文章、论文和诗颂扬这种饮料的好处。一个崇拜者把它称为"来自亚洲的天赐圣物",是能够治疗偏头痛、痛风和肾结石的灵丹妙药。还有一个证明是,1657年一篇名为"中国茶对关节炎患者的作用"的论文在一个盛大的场合得到了大臣塞吉埃(Séguier)的支持,他自己就患有风湿病,和他一起出席了此次聚会的还有众多患者。

茶最终被欧洲接受还是要到18世纪。

---

① *La vie privée d'autrefois... Le café, le thé et le chocolat*, 1893, pp.130/1.

第二章 小摆设—在中国的法国传教士—中国工艺品—猴嬉图—挂毯—绘画—纺织品—家具

在法国，对于中国商品的欣赏，并不像我们所说的那样，远在17世纪末之前就发展起来，而是在路易十四大帝成年之初开始传播开来的，这得益于荷兰的中间商从远东进口的货物。

在当时的巴黎，有一些贩卖中国产品的商人。在亚伯拉罕·迪·普拉德（Abraham du Pradel）的《1692年巴黎通讯地址实用手册》①中，有一章是"珍品和首饰的交易"。他告诉我们："开店经营，并且买卖画作、中国家具、瓷器和水晶的商人以及那些拿这些货物互相交换的人……都是有身份地位的人……"

他又在第一卷第239页中指出："在坎康普瓦（Quinquempoix）

---

① *Le Livre commode des adresses de Paris pour 1692* par Abraham du Pradel. Paris, 1878, 2 vol. in-12 (Bib. elzévirienne). Edité par Edouard Fournier; cf. I, p.236.

第二章　小摆设—在中国的法国传教士—中国工艺品—猴嬉图—挂毯—绘画—纺织品—家具

街的多利尼（Dorigny）先生，和巴黎附近的莱蒂埃（Laittier）先生、小姐通常都有很好的中国货品。"

有趣的是，他很长时间都用 La chinage① 这个词来指称中国瓷器和家具。

爱德蒙·福尔尼埃（Edmond Fournier）引用瑟内塞（Senecé）②和当古（Dancout）来证明人们对中国来的东西的迷恋：

下面是瑟内塞描写中国货品的诗句：

中国的扇子和同一国家的晨衣③

在夏天，为了能驱赶使人疲倦的苍蝇，
为了保证在太阳猛烈照射的时候也有徐徐的凉风，
公主啊，中国人会以他们最殷勤的方式给您提供服务的，
他们肯定会让你在夏日里有与众不同的魅力：
一边感受着怡人的清凉，
一边还要把宫廷里追逐奉承的人撵走。
这是他们可靠的手工艺品中的一件宝物：
那是什么呢？

---

① 译注：chine 指中国瓷器，chinage 是指云纹织造。

② 译注：瑟内塞（1643—1737），曾经买官，后任皇后房间里的第一佣人一职，因此可以经常出入宫廷里的文学艺术场合，写了很多此类场景的诗。

③ *Épigrammes et autres pièces de M. de Sénecé.* À Paris, 1717, in-12, p.272, LI.

那是人们找了良久还是没有找到的一件发明。

一个上了中国彩釉，装饰着金子的盒子 ①

我们国王杰出的女儿、妻子和母亲，
请你们允许这件看似无声的礼物
为你们献上我们的热情，它仿佛在宣告：
人们为你们画上了心意，
这彩釉就是他们真挚情谊的象征啊
就好像金子代表了他们的忠诚。

在1691年出版的当古的戏剧《乡间的房子》第一场第五幕中，我们也可以读到：

利塞特——老爷，夫人正和那些您邀请来的先生女士们在花园里呢，他们想让您过去。

贝尔纳先生——还有谁？

利塞特——夫人现在和一位很幽默的女士在一起。

贝尔纳先生——哪个？

利塞特——在那儿呢，她笑话您有一天把荷兰来的瓷器都打碎了，她说除了这些精美的东西，其他什么

---

① *Épigrammes et autres pièces de M. de Sénecé*. À Paris, 1717, in-12, p.274, LI.

第二章 小摆设—在中国的法国传教士—中国工艺品—猴嬉图—
挂毯—绘画—纺织品—家具

都可以不要的。

贝尔纳先生——这真是太可笑了。

1709年6月2日的一份皇室声明称,埃杜阿尔·福尔尼埃(Edouard Fournier)是捍卫外国陶器、瓷器的进口的。

这种风尚又让我们想起最早的特里亚农宫,也就是后来被芒萨尔(Mansart)的特里亚农宫所取代的特里亚农瓷宫。①

"根据圣西蒙(Saint-Simon)的说法,特里亚农宫起先只是一座准备用来收藏瓷器的房子。""菲利比安(Félibien)告诉我们,这个宫殿不只有一层,当我们登上七级台阶进入门厅后,就可以看到一个客厅,里面所有的墙都被粉饰得雪白光亮,带有天蓝色的修饰。四周挑起的墙檐和天花板也在白色的底上印了各种天蓝色的图案,所有这些都是模仿来自中国的作品。护墙板和地板相互呼应,用的是瓷质的方砖。"②

"特里亚农宫在1670年到1672年间完工,根据这个时间,它的建筑师应该为勒沃(Le Vau)或者是他那些长期合作者中的一个。他想要利用中式的构造来完成设计。尽管三角楣装饰了两个面,但是对于屋顶的装饰设计一点都没有注

---

① *Les Palais de Trianon...* par M. de Lescure. Paris, Henri Plon, s.d. [1867], in-12, p.4.

② Félibien, Description du Palais de Versailles, 1671.

意到塔的顶部。为了模仿瓷器,工匠们使用的原材料是陶和拉毛粉饰。花瓶是由那个时候开始在圣克鲁经营的一家陶器工场提供的。所有这些,什么都没有给后世留下。苏利耶(Soulié)认为他在凡尔赛宫的仓库里看到的,那些按照中国式样粉饰的板的碎片是特里亚农宫内部残余的墙面,然而它们显然是路易十六时期的风格。在我看来,它们来源于法国夫人们的公寓。"①

德·诺拉克(de Nolhac)先生,在同一本书的第187页,引用了一部长期以来被人遗忘的作品,是路易十四时期的一个讽刺故事,描写凡尔赛和马利(Marly)的,题目是《桑·巴拉贡(Sans Paragon)和仙女皇后》,在巴黎,由联合书店公司出版,1724年,12开本②。1698年克洛德·巴尔班(Claude Barbin)出版社出版过。巴尔比埃(Barbier)把它献给普雷斯夏克(Preschac)先生。以下就是这本书里讲述瓷宫的内容,也就是特里亚农宫的来源。

中国公主贝勒-格洛瓦(Belle-Gloire)"毫无疑问,是世界上最漂亮最傲慢的公主了"③。

"有一天,仙女让公主陪伴(我国的)君主在美丽的运

---

① Pierre de Nolhac, *La Création de Versailles*. Versailles, 1901, in-fol., pp.188-9.

② Bib. Nationale, Inv. Y^2 24048.

③ *L.c.*, pp.35-36.

第二章　小摆设——在中国的法国传教士——中国工艺品——猴嬉图——
　　　　挂毯——绘画——纺织品——家具

河上散步。桑·巴拉贡很好奇地想要知道公主对刚刚所看到的一切作何感想，但是，公主很冷漠地回答他说，那些华丽的东西在中华帝国是很常见的，比起金碧辉煌的宫殿，他的父皇通常更喜欢简单朴素的房子。桑·巴拉贡正站在船的另一边，因为他对那些能够讨公主欢心的东西特别留意，所以，当贝勒-格洛瓦对他说这些话的时候，他一下跳上了岸，用他的小棍子敲了三下，马上就出现了瓷器城堡，四周围绕着种满茉莉花的花圃以及无数小喷泉。所有的这一切构成了能够看到的最佳效果。"①

在17世纪末，拥有自己的"特里亚农宫"成为一种风尚，就像在18世纪下半期有一只中国蝴蝶一样让人自豪。

印度的法国公司在1660年到1664年间实际上并没有能够行使他们在远东的特权。1697年法国才和中国开始贸易，但是直到1719年大公司成立之后，贸易才充分地发展起来。公司的官员，也就是以后的领事，和其他的外国人一样，从1776年开始，只能出口经由当地的中间商从内地贩卖到广东的商品。这些官员和领事没有权利从给他们确定的狭窄区域内出去，很少有机会可以参观整个国家，甚至不能去这个帝国的其他港口，对它们也知之甚少。对我们进一步了解中国有帮助的是北京（Pe-King）的传教士。为了能在帝国的首都

---

① *L.c.*, pp.51-53.

建立一个能够与葡萄牙传教团相抗衡的传教团，1685年路易十四派了5个①耶稣会士到那里，这使我们得以谋得一个较之其他民族不容置疑的优势。1697年，其中的白晋（进）神父②回到法国，这为中国艺术研究成为目标提供了更为坚实的基础。同年，这位神父交给圣雅克（Saint-Jacques）街上的P．吉法尔（P. Giffart）出版社一本题为《中国现状》的汇编图册，里面的19幅图展现了这个国家的服饰，有皇帝在盛大场合穿的，也有"僧侣们在平常时候穿的"。这些着色的样品，画得远比不上中国的绘画精细。在给勃艮第（Bourgogne）公爵的献词中，白晋神父试图让我们相信，在让中国大臣认识这个年轻的皇孙贵族时，他有点自欺欺人，

---

① 译注：应为6人。之前，已经在中国传教的比利时传教士南怀仁，因为忧虑教士不够，就写信给罗马教廷，信中提到了康熙皇帝对他们的优待。教廷把信转交给了路易十四，他认为这是法国向中国扩张的好机会，就派了李明（Louis le Comte）、刘应（Claude Vesderou）、张诚（Jean François Gerbillon）、白晋（Joachin Bouvet）、洪右望（Jean de Fontaney）和塔夏儿（Guy Tachard）。后者在途中被暹罗国王挽留在该国。1688年5人到北京以后，康熙皇帝留白晋和张诚在宫廷，另外三个人被派往上海和陕西。

② 译注：Joachim Bouvet(1656—1730)，法国勒芒人，康熙二十六年（1687年）来华，雍正八年（1730年）卒于北京。他和张诚（Jean François Gerbillon）神父都是康熙皇帝的数学老师。1697年他奉康熙皇帝之命回到法国，在巴黎出版了《中国现状》和《中国皇帝的历史肖像》（也就是1981年，黑龙江人民出版社出版的《康熙皇帝》，也有译为《圣祖本纪》）。1698年，他又率领耶稣会10人，乘坐第一艘来华的法国商船安菲得里特号到中国，这10个人中就有马约瑟等。

第二章　小摆设—在中国的法国传教士—中国工艺品—猴嬉图—挂毯—绘画—纺织品—家具

"也许他们也会（对我）表示感谢，因为您自身就给他们提供了典范，一个足以让他们心目中最伟大的人都自惭形秽的榜样。但是，对法国而言，同样也应当感到庆幸，因为当他们得知路易大帝有一些和他一样（英明）的儿孙们时，并不懊恼"。这本图册可能就是18世纪"中国热"的开端。

在最初那些迎合当时审美的艺术家中，应该算上《驶向西泰岛》的作者，杰出的画家安托万·瓦脱。他为当时的法国财政部长肖夫兰（Chauvelin）装饰了卫生间；为科塞（Cossé）公爵画了四幅代表作，描绘了爱神、猴子和四季；为国王缪埃特（Muette）城堡的卫生间画了各种中国人和鞑靼人的图案，这次装饰包括30幅画，后来由布歇（Boucher），若拉（Jeaurat），米歇尔·奥贝尔（Michel Aubert）雕刻而成。关于这点，爱德蒙·德·龚古尔（Edmond de Goncourt）写道："我们认为缪埃特城堡的中国工艺品是纯粹想象力的结果。瓦脱不仅在这次装饰中，应该说在他接触的所有东西中，融入了自己明显的个性特征，也就是他的诗意的发明。这位大师（人们是这样认为的吗？）对异国风情的再现根据的是对物件和对中国人人性本质的严肃研究。关于这点我们也可以在维也纳的阿尔贝蒂娜（Albertina）博物馆中看到其表现。这是一幅伟大的画作，对一个中国人的一双黑眼睛作了仔细研究，琢磨了他的典型气质，逼真地再现了他的服装和有特色的拖鞋，总的来说，画作研究了这位天神之国的代表的所有特点。他的名字甚至也被瓦脱用铅笔标注在左边的一块石头上：F. 曹（F.Sao）。"①

瓦脱——阿瓦（ava）王国的女儿　　布歇——中国女音乐家
（出自热奥拉的雕刻）　　　　　　（出自乌埃尔的雕刻）

"保罗·芒茨（Paul Mantz）说，除了来源令人猜疑之外，缪埃特城堡那些以中国人为主题的画作并没有被后来的画家大规模地效仿。由克里斯多福·于埃（Christophe Huet）、佩罗特（Peyrotte）和其他我们不知道名字的艺术家

---

① E.de Concourt, *Catalogue raisonné de l'Œuvre d'Antoine Watteau*. Paris, Rapilly, 1875, pp.155-156.

第二章　小摆设—在中国的法国传教士—中国工艺品—猴嬉图—挂毯—绘画—纺织品—家具

延续的中国风一直持续到了18世纪的大革命。"①

从中国的工艺品,我们很容易就联想到了猴嬉图,这方面的大师可能就是克里斯多福·于埃,他于1759去世。这位艺术家除了设计众多的四轮豪华马车和轿子之外,还在很多城堡里做了绘画装饰工作:尚圃(Champs)城堡,在谢尔(Chelles)桥和诺瓦西埃尔(Noisiel)桥之间,位于马恩(La Marne)河的左岸。根据布尔瓦莱(Bourvarlais)所说的,它是在18世纪上半期由建筑师尚布兰(Chamblin)为金融家保罗·普瓦松(Paul Poisson)建造的,之后拉瓦里埃尔(La Vallière)公爵入住,接着是桑泰尔(Santerre),再后来是路易·卡昂(Louis Cahen),于埃在一楼装饰了一个中式客厅:"阿尔让维尔(Argenville)写道,相邻的一个厅,用一些精细木工板装饰,于埃在上面画了中国人和中国工艺品,天花板上也有一些花鸟虫鱼的点缀。"② 他也用蓝色单彩画来装饰靠近拉瓦里埃尔公爵夫人卧室的书房,表现的是中国的田园牧歌。我们还发现,在诺-让-马恩(Nogent-sur-Marne)附近的帕里斯-迪韦尔内(Pâris-Duverney)的家里,他装饰了一个客厅。在巴尼奥莱城堡,也就是摄政王的家里,他为一个椭圆形的餐厅作画,克瓦佩尔已经在那里画了不少画,主

---

① Paul Mantz, *Gazette des Beaux-Arts*, 3e pér., I, 1889, pp.24-25.

② *Voyage pittoresque des environs de Paris...*, par M. D*** [d'Argenville]. À Paris, 1755, in-12.

题是从小说《达芙尼斯和施洛埃》中选取的。大概是在 1745 年到 1750 年间，于埃完成了他最有名的作品之一，也就是罗昂府邸的书房里的阿拉伯花饰和中国图案。根据一条 1808 年 3 月 6 日的法令，这个房子是在 18 世纪初，由建筑师德拉梅尔（Delamaire）为斯特拉斯堡的主教，也就是 1712 年晋升为红衣主教的阿尔芒·加斯东·德·罗昂（Armand Gaston de Rohan）建造的。热利-迪多（Gélis-Didot）在《18 世纪法国装饰画》①中提供了罗昂府邸两幅彩色的猴嬉图，以及两幅尚缇伊的彩色大猴嬉图，不包括黑色的图案。"一个批评家写道，所有的细木工板壁和墙板，包括门，以及檐楣的凹槽都被覆盖了彩色或黄金的阿拉伯花饰，或是牧歌或是游戏，里面有一些人物穿着中式服装，还有一些装饰着单彩画、猴子、狗、鸟和花环。技巧、主题、核心色调以及克里斯多福·于埃的个人趣味都得到了充分发挥。"爱德蒙·德·龚古尔认为这是安托万·瓦脱的作品。然而瓦脱是在 1721 年去世的，这些画则有可能是 1735 年的。在这种情况下，我们就可以撇开龚古尔的怀疑，进一步推论得出，可能就是于埃画了城堡二楼客厅的大猴嬉图（中国人和猴子），它先于巴塔耶（Batailles）长廊，以及小城堡一楼的小猴嬉图（雄猴子和雌猴子），这些都是由波旁公爵订购的。

---

① 巴黎，夏尔·施米德（Charles Schmid）出版社，对开本。

第二章　小摆设—在中国的法国传教士—中国工艺品—猴嬉图—
　　　　挂毯—绘画—纺织品—家具

于埃的大猴嬉图（尚缇伊）

位于塞维涅（Sévigné）大街52号的弗莱塞（Flesselle）府邸是由利斯尔（l'Isle）的建筑师建造。就是那个最近被毁坏了，要改成一个电子产品工厂的房子。它的天花板装饰着一些猴嬉图，和罗昂府邸那些是同一时期的，也是相同风格的①。那是被著名的收藏家费纳耶（Fénaille）先生从破坏中抢救出来的，他仔细地将它拆散开来，以前的"巴黎图像协会"还照了3张照片。②

J.盖拉尔（J.Guélard）根据于埃的图案雕刻出了两个系列12幅的"猴嬉或是由猴子表现的人类生活的不同行为"，但是我们并没有在罗昂的书房里发现任何的此类图案，相反，这个集子里包含了一个屏风的主题，这个屏风属于尚缇伊城堡，就摆在装饰着大猴嬉图的客厅壁炉前面，这足以证明了于埃就是这个客厅的画匠。

如今在阿萨斯（Assas）大街8号的一座小楼里，还有一个狭长的小客厅，它椭圆形的天花板在白色的底上装饰了阿拉伯图案。这个小楼以前是从位于勒加尔（Regard）大街和谢尔西-米蒂（Cherche-midi）大街的转角处的战争委员会办公大楼，和维吕（Verrue）伯爵夫人的府邸是相通的。它

---

① 我们可以在1908年《旧巴黎委员会公报》（*Bulletin de la Commission du Vieux Paris*）第六号的三幅插图中看到这个天花板的照片复制品。

② 《旧巴黎委员会公报》（*Bulletin de la Commission du Vieux Paris*）1909年1月30日，第5页。

第二章　小摆设—在中国的法国传教士—中国工艺品—猴嬉图—
　　　　挂毯—绘画—纺织品—家具

的发现者德·尚波（de Champeaux）先生说："这个天花板不是很有名，但是它却是我们所知的猴嬉图中最精致的样品。它的表现手法对吉洛（Gillot）来说太细致，对克里斯多福·于埃来说又太简洁。作者的名字还留待去发现，但是在我们看来，比起这两个画家，它更像的是伟大的幻想大师安托万·瓦脱的作品。"①

布歇，就是那个我们刚刚看他雕刻了瓦脱的作品的人，自己绘画设计并雕刻了《各类中国人物图案汇编》，由圣-雅克大街的于基埃出版社出版。除了封面，其中还有11幅画：2.佩罗诺（Perronneau）雕刻的中国医生；3.中国夫人；4.中国植物学家；5.中国不信教的女人；6.中国变戏法的人；7.中国的街头卖艺者；8.中国音乐家；9.中国小姐；10.另一个中国音乐家；11.中国士兵；12.另一个中国士兵。接着布歇的画，阿维利·勒热恩（Aveline le Jeune）在巴黎的奥德朗（Audran）出版社雕刻出版了一些作品，并配有诗：《中国音乐会》《令人讨厌的包袱》《安宁的好处》《女幻想家》。我们还注意到一系列取自阿赞库尔（Azaincourt）先生书房的中国图案，由F.布歇绘制，J.乌埃尔（J.Houël）雕刻的②。在这些布歇中国场景画的雕刻者中，还要提及马丁·昂格勒布勒齐

---

① *L'Art décoratif dans le Vieux Paris*, par A. de Champeaux. Paris, Charles Schmid. —Gélis-Didot a reproduit en couleur ce plafond remarquable, 1898, p.134.

② 巴黎，德玛托（Demarteau）出版社。

(Martin Engelbrecht)、奥格斯布尔（Augsbourg）和德玛托。

雅克·加布里埃·于基埃（Jacques Gabriel Huquier），1695年出生在奥尔良，1772年6月30日在巴黎去世，是一个为了自己的和他人的债务奔波的雕刻家，也是个经验丰富的业余爱好者：

"儒贝尔·德·伊贝尔德里（Joubert de l'Hiberderie）在第89页写道，于基埃先生，是马蒂兰（Mathurins）大街的雕刻家，拥有好几个汇编集子，都是关于异常漂亮珍稀的中国花卉的。除此以外，他还有四大卷的供植物学家用的自然植物集子，是一部因其编辑方法而显得奇特的作品。我们在他家里也找到一些雕刻作品，所有的巴蒂斯特（Baptiste）、罗贝尔（Robert）和其他花卉画家的作品。还有众多的版画画卷，表现的是海景、风光、打猎、故事、人物画像、建筑和装饰等。于基埃先生也是收集国外事物和新奇事物的爱好者。"

巴黎圣-雅克大街的奥德朗出版社，除了用猴子来表现月份，也就是九月和十月外，还以诗的形式给一些主题配上了说明文字：

在《中国音乐会》下面我们读到：

> 当时钟、孩子
> 和大公鸡唱起它们各自的歌的时候，
> 这就是音乐会

第二章 小摆设—在中国的法国传教士—中国工艺品—猴嬉图—挂毯—绘画—纺织品—家具

一个迷人又宏大的合唱团。

为《令人讨厌的包袱》配的是：

一个女人就是一个障碍；
这是个亘古不变的真理；
即使很负责的男人也不否认这一点，
她越年轻，就越沉重。

布歇还制作了众多的挂毯画板。在巴丹（Badin）先生的作品里①，我从中选出一些博韦（Beauvais）的中式挂毯的主题：

第16页，"奇形怪状的中国图案"，根据的是贝兰（Bérain）的画；

第20页，"旅行中的王子"，根据维尔南萨尔（Vernansal）、布兰·德·丰特内（Blin de Fontenay）和杜蒙（Du Mons）的画而作的第一个中式挂毯；

第44页，布歇的"中式挂毯的汇集"，根据的是贝藏松（Besançon）博物馆的草图；

第48页，"渔夫"，根据布歇和迪蒙的画而作的第二个中式挂毯；

---

① *La Manufacture de Tapisseries de Beauvais depuis ses origines jusqu'à nos jours*, par M. Jules Badin, Administrateur de la Manufacture... Paris, Société de Propagation des Livres' dart, 1909, in-4.

第 80 页，有鸟的装饰的椅子，有中式挂毯的家具，是 J. 杜塞（J.Doucet）先生的收藏品；

第 104 页，根据布歇的"中式花园"而作的挂毯。

1724 年根据巴蒂斯特、丰特内和杜蒙的作品完成了六件"中国人的挂毯"，稍后是印有奇形怪状的中国图案的六件挂毯；1743 年根据杜蒙在布歇画的草图的基础上完成的作品而制作了"中式挂毯"，共六件，很可能就是由巴黎的建筑师交给贝藏松博物馆的那些草图。据巴丹先生所说，这些"中国人"和"奇形怪状的中国图案"挂毯是由梅罗（Mérou）先生负责完成的，他从 1722 年 7 月 5 日开始拥有博韦的挂毯工场，一直到 1724 年 7 月 25 日。

贝藏松博物馆是在 1834 年 8 月 7 日根据这个城市市政厅的一个决议而建立的，它拥有布歇的 9 个画板[①]（29—37 号藏品），标注的日期为 1752 年[②]，表现了一些中国场景，这些肯定被制作成挂毯了。我认为有八个中国主题的草图被用来复制成博韦的挂毯，也就是在 1742 年的沙龙展出的那些。

在 1908 年出版的，让·吉弗雷（Jean Guiffrey）和比埃

[①] 译注：这九幅的主题分别为"中国皇帝的召见""中国皇帝的宴请""中国婚礼""中国捕猎""中国捕鱼""中国舞蹈""中国市场""中国风俗"和"中国园林"。据说，这套挂毯是参照供职于清廷的传教士画师王致诚（Jean Denis Attiret）所作的画稿设计的。1764 年，路易十五将此套挂毯赠送给了中国的乾隆皇帝。乾隆皇帝在圆明园中开辟专室来保存，后来被八国联军焚毁了。

[②] 目录中的 1752 年这个日期是个错误，可能是 1742 年。

第二章　小摆设—在中国的法国传教士—中国工艺品—猴嬉图—　　041
　　　　挂毯—绘画—纺织品—家具

尔·马塞尔（Pierre Marcel）作的《卢浮宫、凡尔赛博物馆和法兰西远东学院①的画作总清单》中，我们发现，第二部分的1410—1418号藏品用红色标明是布歇的，其中1410、1411、1413、1414和1415号是复制品。前面两个是用作帘幕的，后面七个好像是为同一个装饰做的。它们表现的是：鹦鹉、猴子群、影像盒子、茶、花园、小点心和妇女服饰。

在1876年"艺术应用于生产工会联合组织"的第五次展览上，列出了丰特内、维尔南萨尔和迪蒙的三件中式挂毯，属于费利克斯·巴尔代鲁（Félix Baldairoux）先生。在目录中是这样描述的：

129号，第一件：

一位王子坐在华丽的中式地毯上，上面是巴洛克风格的华盖。在他后面是一头大象，前面是跪着的中国人和印度人。在画的左边，一位夫人坐在两轮马车里刚刚到达。背景是优美的风光。在右下角的签名是博韦。（高3.3米，长4.85米）

130号，第二件：

在一座宝塔前面的台阶上，一个智者手持一个地球仪。旁边，一个中国人正在抛撒花瓣，在他的后面其他中国人都

---

① 译注：1900年，法国征服了东南亚，在越南河内建立法兰西远东学院，它的目的是发掘远东地区的考古学和文献学，为法国学生和学者前往中国和越南提供生活上和学术上的便利条件。1957年，法兰西远东学院移交给越南民主共和国，学院及领导机构已于前一年回到巴黎，但仍在印度、泰国、柬埔寨、日本和中国台湾设长期的研究机构。

跪着。背景是风景。（高 3.3 米，长 1.68 米）

这个智者不是别人，正是博学的修士亚当·夏尔（Adam Schall）①，也就是中国人所说的汤若望（TANG Jo-wang）。

131 号，第三件：

在一个由四个轻巧的柱子撑起来的凉亭里面，一位夫人正在喝咖啡，有人帮她打着阳伞。在她前面，另一位女仆跪着，给她献上水果。背景是优美的风光。（高 3.3 米，长 1.57 米）

于勒·吉弗雷（Jules Guiffrey）先生在他的《挂毯的历史》（1878）中提到，近 1770 年的时候，为纪念博韦这位伟大的艺术家的作品而制造了一条挂毯，它的中心图案是一头大象，是属于国家财产的。

是杜蒙把"中国人的消遣"提供给了博韦手工场的管理者乌德里（Oudry）。居伊－路易·维尔南萨尔（Guy-Louis Vernansal）是博韦手工场最大的供货商之一，1648 年 7 月 12 日出生在枫丹白露（Fontainebleau），是 Ch. 勒布朗（Ch. Lebrun）的学生，他于 1729 年 4 月 9 日在巴黎去世。我们经常会错把他的画作归为布歇的。

在 1852 年 1 月 28 日举办的路易－菲利普（Louis-Philippe）国王遗产中的挂毯拍卖会上，在他一大堆资产中，两个中国主题的挂毯卖到了 1250（旧）法郎。

奥比松（Aubusson）手工场也同样借用中国主题，尤

---

① 译注：全名为 Joannes Adam Schall von Bell，德国传教士，通晓历法，明朝天启年间来华，清康熙年间卒于北京。

第二章　小摆设—在中国的法国传教士—中国工艺品—猴嬉图—　　043
挂毯—绘画—纺织品—家具

其是在18世纪下半叶，在让-比埃尔·皮孔（Jean-Pierre Picon）的工场里，他是弗朗索瓦·皮孔的儿子，洛巴尔（Laubard）的领主。我从佩拉通先生的目录中选出后续的几件作品①：

263号，"茶"（高2.5米，宽2.35米）；

264号，"优雅的场面"（高2.5米，宽1.9米）；

265号，挂画，一个年轻的中国人正在转动碾子的把手，（高2.5米，宽0.75米）；

266号，"乡间场面"，描绘出了中国人的体貌特征和衣着服饰（高2.5米，宽1.6米）。

这四幅画是洛巴尔的让-比埃尔·皮孔的工场里生产的。

398号，画板，法国化的中国主题。R.达夫比松（R. Davbusson）、莫塞（Mocé）和皮孔完成，在昂热（Angers）大教堂。佩拉通先生在这本书的第46页说道："莫塞不是奥比松本地人。他是18世纪最杰出的挂毯艺术家之一。我们注意到他的名字总是放在制作者的前面。我们不知道皮孔把他引进到自己的工场具体是在什么时候。"

431—434号，四个挂毯，伪中国主题，都是2.6米高。

第一幅，"午餐"，宽5.1米；第二幅，"桃树"，宽1.88

---

① Essai de catalogue descriptif des anciennes tapisseries d'Aubusson et de Felletin par Cyprien Pérathon. Limoges, Ve H. Ducourtieux, 1894, in-8. —Supplément, 1902, in-8.

米；第三幅，"鸟笼"，宽 2.3 米；第四幅，"凉亭"，宽 1.7 米。它们是布拉克尼埃（Braquenié）的收藏。佩朗通先生在第 49 页写道，"这些挂毯镶上了路易十五时期的边框，以金子为基调，突出了蓝色和红色交相辉映的圆头饰钉。"

813—816 号，四个画板，伪中国主题，宝塔，小船等。1895 年昂热的回顾展览上（出现）。

821—825 号，中国工艺品：1. 咖啡磨；2. "牧歌"；3. "园艺"；4. "鹦鹉"；5. "打鱼局部"。

1148 号，风景，上面有河，悬崖上有个中国风格的凉亭。

1905 年，拍卖师莱尔－杜布勒耶（Lair-Dubreuil）卖了七件奥比松手工场的杰作，这些挂毯边上是路易十四时期常用于装饰的石子、贝壳以及花束，是根据勒普朗斯（Leprince）的画作制成的：

	宽	高
1. 皇家接见（场面）	3.03 米	2.85 米
2. 嬉戏	4.63 米	2.75 米
3. 捕鸟者	3.40 米	2.80 米
4. 贩鸟商人	2.23 米	2.83 米
5. 打鱼	1.67 米	2.52 米
6. 打猎	1.26 米	2.66 米
7. 碾米	0.92 米	2.65 米

第二章 小摆设—在中国的法国传教士—中国工艺品—猴嬉图—挂毯—绘画—纺织品—家具

最近（1909年6月），在勒费弗尔（Lefèvre）资产拍卖会上，一幅始于18世纪的中国主题的奥比松手工场挂毯（2.9米×2.5米），在德鲁奥艺术馆卖了5650法郎。

遛鸟人（出自勒普兰斯的画），奥比松的挂毯

佩罗特留下了两部有关中国工艺品的汇编集子，每部包含7件作品。第一本上写着："新的中国花边装饰，献给尊敬的加斯帕尔·莫瓦斯·德·丰塔尼厄（Gaspard Moyse de Fontanieu）先生，他是国王在所有国务上的咨询者、私人管家，也是宫廷所有家具的督管者。——他谨慎又忠诚的奴仆佩罗特，由于基埃刻印。"关于中国花边装饰的第二本书是献给德·丰塔尼厄夫人的。伯尔德莱（Beurdeley）先生的收藏中

有一幅中国的水墨画，它提供了表现中国人物的版画的样式，这个版画由佩罗特完成，是用来装饰一个客厅的。在《装饰艺术随身手册》的第679页有复制品。佩罗特也提供了一系列的《神奇的中国花卉》，和一本由于基埃出版社出版的名为《用于装饰扇子的最佳中国图案展示》的书。

贝莱（Bellay）也是于基埃的供应商，我们有他的书，名为《第一本关于版画和纯粹幻想作品的书——给那些喜爱贝莱构思，于基埃刻印的装饰的人》[①]，其中有24件作品，另外22件作品的一个系列做成了第二本书。

在《第一本洛可可形式和挂钟的书》中我们找到了一件名为"中式谈话"的作品，是由蒙东（Mondon）的弟子构思，阿维利刻印。这两个艺术家也创作了另一幅画"阿迷达（Amida）——日本主宰航海的神，和我们沉浸在她的荣耀中的样子"，让·蒙东的弟子提供了一系列的书，其中，第五本是献给夏蒂庸（Chatillon）公爵的。

在这些大师中，我们还应该加上这些人的名字：让·皮勒芒（Jean Pillement），1719年生，1808年4月26日在里昂去世。热利·迪多复制了从这个艺术家的作品中抽取的六幅版画，他的作品有的是他自己刻印的，有的是J.-J.阿弗里耶（J.-J.Avril）、P.C.卡诺（P.C.Canot）、让娜·德尼（Jeanne

---

① 巴黎，于基埃出版社，在马蒂兰大街转角的圣雅克大街。出版社有国王的印书特许权。

Deny)、安娜·阿朗（Anne Allen）、埃斯（Hess）等刻印的。我们从众多的皮勒芒出版物中列举一些，在《装饰大师……》①中找到一张表，有说明文字，也有插图：

鸟群中的夫人和戴面具的男子
（出自皮勒芒的雕刻）

---

① 巴黎，吉尔玛（Guilmard）出版社，1880—1881年，8开本。

——《花、装饰、花边、图案和中国主题》对丝织工场、印花棉布工场、波斯织布工场、北京布手工作坊和挂毯图案设计工场都很有用。包括中国风格的画、室内装饰和观景楼。构思和制图都由让·皮勒芒完成的，他是波兰国王的首席画家。这些作品的一部分由他自己用腐蚀铜板法雕刻，另一部分由其他的大师完成。巴黎，勒佩尔和阿沃莱（le Pere et Avaulez）出版社。

——《一些中国小孩游戏的汇编》，让·皮勒芒构思和制图，P.-C.卡诺雕刻，巴黎，勒维埃（Leviez）出版社，圣－昂德莱（St.André）艺术大街，"老城堡宾馆"对面，1754年。

——《中国阳伞集萃》，波兰国王的首席画家让·皮勒芒构思和制图，J.-J.阿弗利尔刻印，巴黎，卢浮宫对面弗罗芒多（Fromenteau）大街的达尔蒙（Dalmon）出版社。

——《中国小阳伞》，让·皮勒芒构思，巴黎，勒佩尔和阿沃莱出版社。

——《关于六个中式小船的集子》，波兰国王的首席画家让·皮勒芒构思和制图，由让娜·德尼刻印，巴黎，勒维埃出版社负责售卖。

——《十二幅中国车船》，让·皮勒芒构思，巴黎，勒佩尔和阿沃莱出版社。

——《中国之书》，让·皮勒芒构思和制图，P.-C.卡诺雕刻，经由1758年1月2日英国议会的法案在伦敦出版。

第二章 小摆设—在中国的法国传教士—中国工艺品—猴嬉图—挂毯—绘画—纺织品—家具

现在轮到画家们①来跟随这些设计图案的画匠了，中国的主题在他们的画作中被处理得很雅致。J.-B. 勒布朗斯的创作风格是这样的，风景是大海边的悬崖，有渔夫和村民，画家给他们穿上了中式服装。在14世纪上半期，这些同样的人物穿的却是那不勒斯服饰，一切都是出自传统的。

甚至在织物中，人们也复制中国的形式，而且做得非常漂亮，我们去一次巴黎的装饰艺术博物馆或者是里昂的丝织品博物馆，就可以确信这一点。云纹缎子的流行开始于1732年，给一组线上各种不同的颜色，这种生产图案的方法称为"织物杂染法"，这种方法源于中国，因为据文字记载，它出自意大利人使用的一句话："用中国的方式做床单"（Far i drappi alla chinese）。我们必须提到《杂色或光彩夺目的塔夫

---

① 我们在这里又发现了布歇在1907年巴黎古皮尔（Guopil）出版社出版的比埃尔·德·诺拉克的《弗朗索瓦·布歇》一书中插入的，"1770年到1906年公开拍卖的弗朗索瓦·布歇的画作目录，[乔治·帕尼埃（Georges Pannier）刻印]"里，我从中选出12幅布歇的中国主题的画（132页和133页），尤其是其中的从美景（Bellevue）城堡来的两幅："中国渔夫"（0.37m×0.52m）和"渔船"。路易十五的宫廷画师让-马克·纳蒂埃至少一次同样地迎合了当时的审美趣味，在1763年卢浮宫的展览会上，除了一幅名为"纳蒂埃先生和他的家人"，也就是今天收藏在凡尔赛博物馆的那幅画之外，还展出了两幅画，一幅是"拿着箭的中国人"，另一幅是"一个印度夫人"。它们是1法尺8法寸高，1法尺6法寸宽。（译注：法国古长度单位，一法尺相当于33厘米，一法寸相当于27.07毫米。）参考比埃尔·德·诺拉克的《路易十五的宫廷画师让-马克·纳蒂埃（J.—M.Nattier）》第159页（巴黎古皮尔出版社，1905年，4开本）的"至1763年止，在卢浮宫的展览会上展出的纳蒂埃作品列表"。中国主题的画正好是最后提到的画作。

绸》,"这些漂亮的塔夫绸和这些家具看起来是从北京抢夺来的,在为它们的祖国——中华帝国呼号请求。"①

版画陈列室里有个画册包含"一件1735年在里昂制造的样品,用的是中国同一种图案的绸缎,很像印度的一种色调,和那种描绘树叶的工艺也很相似,以至于人们认为它是在印度制造的"。另外在LH49a号画册中也可以看到一幅锦缎挂毯。

相反,1735年运到欧洲的印度织物是模仿法国本土织物的。长久以来,从那些与欧洲通商的地中海东岸港口运来的印花棉布,在我们这里非常有名,很快就变得很流行,也很快就出现了赝品。

这些印花棉布的流行促使制造者们开办了众多的生产机构。一个在撤消"南特(Nantes)赦令"②后逃亡到英国的人

---

① Le Dessinateur pour les Fabriques d'Étoffes d'or, d'argent et de soie, Avec la traduction de Six Tables raisonnées, tirées de l'Abecedario Pittorico, imprimé à Naples en 1733. Par M. Joubert de l'Hiberderie. À Paris, chez Sébastien Jorry,... Bauche, ... Brocas, ... ——MDCCLXV. Avec Approbation & Privilège du Roi, in-8, pp. XLVIII—218+3 ff. n. ch. tab., er., priv.(Chap. VIII. Taffetas chiné ou flambé, pp.32-3.)

② 1598年法国国王亨利四世在法国西部港口城市南特颁布的法令,给予胡格诺教徒政治上一定的权利。胡格诺教徒是16—17世纪法国基督教新教徒,信奉新教,多数属于加尔文新教徒。在罗马天主教已经成为国教的法国,他们一直是备受排斥和压制的"异教徒"。1685年10月8日,路易十四签署了废除"南特赦令",4天后这一法令正式公布。这一举措无疑使胡格诺教徒陷入了更为艰难的境地。法国政府和天主教会采取引诱、威逼和武力等手段,对胡格诺教徒实行了全面的"封杀"和"致命的打击",那些"异教徒"为了避免灭绝的厄运,四处逃亡。一些人被迫改宗"皈依"天主教,一些人则被驱赶,仓皇逃到了国外。

第二章　小摆设—在中国的法国传教士—中国工艺品—猴嬉图—挂毯—绘画—纺织品—家具

在里士满（Richmond）建立了一家制造工场。很快，工场就在马赛（Marseille）、蒙彼利埃（Montpellier）、鲁昂和夏特罗（Chatellerault）等建立起来。依赖进口的人忐忑不安，进而互相指责。1679年颁布了一条禁令，禁止生产甚至使用欧洲的印花棉布。但是，迷恋变得更疯狂了，所有人都急于抵制这条禁令，人们在阿尔瑟那（Arsenal）生产，接着到处都在生产。最后，1759年的时候，印染丝织的生产自由被批准了。

"1789年的时候，这个国家有超过100个的此类手工场。最著名，也是唯一有可能被永远镌刻在时尚历史中的，是儒伊（Jouy）的手工场。它把自己的名字留在印染织物上。但是第一家有确切日期记载的此类手工场远远要比它早。弗内森（Venaissin）伯爵领地的手工场，处在教皇的土地上，那里的生产在1734年前就很活跃；在牟罗兹（Mulhouse），被称为"洛林地区的庭院"的手工场从1746年就由科厄施朗（Koechlin）、尚尔特泽（Schamltzer）和多尔富斯（Dollfus）建立了。即使不说这些，我们也看到很多工业家都预见到了这条禁令将会被取消，他们纷纷开设手工作坊。1753年的亚眠（Amiens），1756年中央高原的勒山（Le Puy），1757年的布尔日（Bourges）、昂热、奥朗日（Orange），1758年的南特，都是抢在1759年9月9日禁令撤消之前就开设了这样的工场。"①

在印染织物生产自由的声明之前，1738年6月11日生于巴伐利亚的威森巴克（Weissenbach）的克里斯多福-菲利普·奥贝坎普夫（Christophe-Philippe Oberkampf），已经在阿罗（Aarau），也就是他父亲那里和牟罗兹的"洛林地区的庭院"手工场研究了这种生产技术。当一个叫作塔瓦内（Tavannes）的瑞典人，也就是当时国王的财政总管，建议他管理一家刚刚在圣-马塞尔（Saint-Marcel）郊区建立的手工场的时候，他已经在阿尔瑟那工场里工作了几个月了。奥贝坎普夫接受了这个提议，他的条件是可以自由地选取适合建立手工场的地点。他选了儒伊-昂-若萨（Jouy-en-Josas），位于巴伐利亚边界处，在那里，1760年3月1日，他印出了第一件丝织品。1815年10月4日奥贝坎普夫去世。

在蓬图瓦兹（Pontoise）的塔维（Tavet）博物馆，藏有7幅儒伊的丝织品画板，出自德·茂伯普（de Maopeou）[不是那个住在蓬图瓦兹附近阿布雷日（Ableiges）的司法大臣]先生的住处。它们的装饰是带淡黄色的红色，展现的是最神奇的中国场景。其中的三幅尺寸要比其他的大，特别有趣。有一幅丝织品的主要人物是一个骑士，旁边的一个步行的人肩上扛了枪炮，要击倒一条匍匐在地的千足虫；另一幅中，

---

① Henri Cleuziot, *La tradition de la toile imprimée en France*. Musée Galliera, 1907–1908, in-8, p.9.

第二章　小摆设—在中国的法国传教士—中国工艺品—猴嬉图—
挂毯—绘画—纺织品—家具

一群受过训练的狗在一个高官面前跳起了萨拉班德舞；第三幅中，一只冒失的蝴蝶停在一个大腹便便的官员的鼻子上，一个忠实的仆人正准备打死它。这些画在1899年的时候，由德·诺贝尔（de Nobelle）修复。

我们把"chine"这个名称赋予一种旧时的挂毯。之所以这样称呼它，是因为它的制作方法和被称为"中国针脚"的刺绣法在丝毛制品上做出的波浪很相似。①

南京这个城市有一种以自己名字命名的棉布，总的来说是由一种特殊的黄色构成的；在中华帝国的首都北京也有一种特别的丝绸，它在法国大量生产。

表现中国场景的画纸的流行伴随着这种画布而来，并且得以生存下去。

本雅明（Benjamin）的表姐妹罗萨利·德·贡斯当（Rosalie de Constant）在1773年的冬天参观了圣-克鲁宫之后，说："我们看到了奥尔良公爵的房子……客厅设计成中式的。夏尔特（Chartres）公爵夫人的房子也很漂亮，餐厅装饰的是漆成黄色的木板，上面镶嵌了小的中式画，一切都是非常简单，但是又很高雅。"②

玛丽·雷茨克齐恩斯卡（Marie Leszczynska）皇后也在

---

① *Dictionnaire universel de commerce...* par J.Savary des Bruslons, Paris, 1723, in-fol., I, p.762.

② *Rosalie de Constant, sa famille et ses amis*, par Lucie Achard. *, 1758-1834. Genève, s. d., in-12, p.76.

儒伊的丝织品（藏于蓬图瓦斯博物馆）

第二章 小摆设—在中国的法国传教士—中国工艺品—猴嬉图— 　　055
挂毯—绘画—纺织品—家具

穆希（Mouchy）城堡用中式风格装饰了她的书房。

位于伦敦斯特朗的库特银行里，有一间比代-库特（Burdett-coutts）男爵夫人的套房。这个套房的餐厅里，有一幅表现中国场景的挂毯，那是北京的英国大使洛尔·马戛尔尼（Lord Macartney）送给托马斯·库特（Thomas Coutts）的。经过繁复的迁移工作，它才成功地被搬进了近年来建造在老银行对面的新银行里面。

家具的设计自然也逃脱不了这种普遍迷恋的影响：很多上了马丁（Martin）漆的五斗橱都使用了中国主题。有的时候，装饰了铜质镂雕边框的真正的中国漆器画取代了马丁漆器；像马丁·卡尔兰（Martin Carlin）和佩里狄埃（Peridiez）那样的艺术家还从事了高级木器的制造。在安德尔-卢瓦尔（Indre-de-Loire）省政府，有一个（也可能是别人遗留的）来自尚特鲁（Chanteloup）城堡的中国漆器，是个五斗橱，装饰着风景和骑士，用金子和彩色突显了线条，又用青铜和镀金来加以修饰。

司法部长拥有一件在路易十六被囚禁在巴黎教堂监狱期间使用过的家具，这是一个上了中国漆的书桌，是路易十五的。正是在这张桌子上面，路易十六写下了他的遗嘱。它是由儒贝尔制造的。在上了中国漆的基础上，桌脚的边角装饰上了色彩绚烂的包角料，中间有铜质的边框，顶部环绕着光滑的线脚，桌角上缀着贝壳材质的小花饰。桌面上覆盖的是带有金质图案的摩洛哥皮。这个家具出现在1888年（目录的第198号）的路易十四和路易十五时代法国艺术展上，这个展览是为了给"晚间避难所慈善机构"筹款而举办的。在同一个展览上，还有一个马丁风格的、装饰了中国漆的墙角（第220号），在黑色的背景上是金色的人物和风景，带有装饰用的石子、贝壳构成的叶饰，上面有镀金的青铜；立柱是上漆的木料，还有路易十五时期的灰色大理石，签名是V. 杜布瓦。

1909年6月25日，德鲁奥艺术馆，在盖兰（Guérin）夫人收藏品的拍卖会上，一个路易十五时期的五斗橱卖了10800法郎。这是个漆器，装饰着"一幅中国风格的、生气盎然的风景画，在黑色的背景上包金"。在同一个拍卖会上，两个产自古老的代尔福特的中式大盘子卖出了4250法郎。

在利摩日军需处，杜尔阁（Turgot）先生的办公室，其中一个门是由书脊构成的，上面都是充满想象力的题目，有一个是"青铜的好处，一个中国文人评价"①。

中国主题甚至在壁炉上也得到了反映。在垫木上，瓷人取代了太阳王路易十四或者是法国王室的标志——百合花。我们也可以在蓬图瓦斯博物馆看到另一个例子，那里有一块壁炉上的金属板，上面画着两个中国人，身后分别有一座塔

---

① *Mémoires d'un bibliophile*, par M. Tenant de Latour, Paris, E. Dentu, 1861, in-18. Voir pp.194 seq.: Un cabinet de M. Turgot.

第二章　小摆设——在中国的法国传教士——中国工艺品——猴嬉图——挂毯——绘画——纺织品——家具

俯瞰着，他们面对面，专心于用网罩捕鱼。这个艺术家肯定是不懂天神之国的植物，因为他不合时宜地在那里画了一棵椰子树，这棵树把两个人物分开了。

在《系统百科全书》（第50页以后）里列举的18世纪末使用的刀叉中，有一些中国风格的刀叉，在它们的柄上装饰着奇怪可笑的中国瓷人。雷涅埃（Régnier）写道："可是不，看吕伊（Luy），他愁眉不展的脸色很像中式刀叉上那些人物中的一个。"[①]

而那些有着红色闪光鳞片、边上镶金的鱼是为了德·蓬帕杜夫人才带到法国的，从此以后就在那里繁殖。[②]

我们到街上去看看：

"在这个国都所富有的神奇事物中，我们可以把那些华丽的车辆看作是其中一件珍奇的东西，在后世，它们都有资格被提及。卢卡斯（Lucas）先生，著名的历史画家和法兰西学院院士，是大部分这些杰出车辆的作者，他在板上作的那些珍奇的画和一个爱好者在自己的书房里收集的引以为傲的珍贵画作一样多。杜图（Dutour）、于埃（Huet）和克雷潘（Crépin）用他们细致的画笔经常画一些这种华丽的马车。杜

[①] Les Œuvres de M. Regnier..., Amsterdam, MDCCX; Satyre X, p.82. —Cf. Alfred Franklin, Variétés gastronomiques, 1891, p.72, 75-6.

[②] Le Grand d'Aussy, Hist. de la Vie privée des Français. Nouv. éd., 1815, II, p.73.

图画动物，于埃画花，克雷潘画风景。我们经常可以在巴黎有名的鞍具制造商那里看到这些由名画家画的、上了马丁漆的珍贵的马车，尤其是在 S. 尼凯斯（S. Nicaisse）大街的朗克里（Lancry）商店，就在总理官邸的对面。国王几乎所有的马车都是由它提供的，它还为大使们和所有的皇室成员提供马车。它特有的高层次的品位融合了所有马车的新颖、色彩绚烂、便利和趣味。"①

---

① Joubert de l'Hiberderie, l. c., pp.91-2.

第三章 中国皇帝的战争—中国建筑艺术—花园

1759年,在经过了一系列的激烈战斗之后,中国的乾隆皇帝将天山的北路和南路并入了自己的帝国版图,交战的双方是大将军兆惠(Tcha Houei)①和占据这些地区的厄鲁特②首领。为了纪念这一荣耀的历史事件,乾隆皇帝就让那些住在他宫廷里的传教士艺术家创作了表现这场战争主要场景的16幅画,这些艺术家是王致诚神父、郎士宁

---

① 译注:1757年大小和卓首领兴兵作乱。1758年5月清政府派雅尔哈善为靖逆将军,领兵前往吐鲁番镇压,后成掎角之势,又调定边将军兆惠率军南下支援。1759年,又调定边右副将军富德率援军解围,才平定叛乱。

② 译注:这里确切地说应为维吾尔族上层首领,而不是厄鲁特首领。清朝初年,居住在我国西北方的蒙古族分为三大部,即漠南蒙古、漠北喀尔喀蒙古和漠西厄鲁特蒙古。后者明朝时称为瓦剌,清初才称为厄鲁特,它又分为四部:准噶尔部、和硕特部、杜尔伯特部和土尔扈特部。后来,准噶尔部不断扩张,并引发了战乱。1679年,准噶尔汗噶尔丹出兵占领了天山南路,将"回部"首领扣押。1697年,康熙皇帝平定叛乱后,令其返回南疆,管理回部事务。乾隆二十年(1755年)二月起,清朝出兵远征准噶尔汗国,最终平定该地区长期的内乱,统一西域。

(Joseph Castilhoni)①神父、耶稣会士伊尼亚斯·西舍尔巴特（Ignace Sichelbarth）和天主教加尔默罗会修士让·达马斯塞恩（Jean Damascène）。根据1765年7月13日的一道皇帝诏书，他命令这些画要运到法国，让当时最优秀的雕刻家制作出来。和最初的四件作品一起运来的还有一封注明同一日期的信，是郎士宁神父写给艺术主管的，1766年12月31日的时候送交了马里尼（Marigny）侯爵，也就是皇家绘画艺术学院的主管。其他的作品在第二年到达，马里尼把它们委托给了学院的史官秘书科香（Cochin）。这项工作直到1774年才完成，聘用了八个相当有名的雕刻家：L.-J. 马斯克利埃（L.-J.Masquelier）、J. 阿利梅（J.Aliamet）、J.-P. 勒巴斯（J.-P.Le Bas）、奥古斯坦·德·圣-奥般（Augustin de Saint-Aubin）、弗兰克-德尼·内（Franc.-Denis Née）、B.L. 普雷沃斯（B.L.Prévost）、P.P. 肖法尔（P.P.Choffard）和N. 德·洛内（N.de Launay）。版画和从中抽取的100个样品运回了中国，只有极少数几件为皇室和国王的藏书楼保留了下来。国家图书馆的版画陈列室拥有这个系列的一个绝美的样本，其中有四件作品通过彼得大帝的战争与法国军队联系起来。原来用来装饰路易十六弹子游戏房的一个系列，现在珍藏在马扎兰图书馆。另外一套路易十六送给内克尔（Necker）先生，悬

---

① 译注：意大利传教士，康熙至乾隆时期在朝廷画院供职。

挂在科佩（Coppet）城堡的墙上。我记得在上海附近徐家汇（Zi-Ka-Wei）的耶稣会公共食堂里看到过第四套作品：这些经由中国人多次修复的漂亮版画已经为北京提供了很多翻拍相片的素材，较之艺术性它们更多的是为了满足人们的好奇心。

根据贝尔坦（Bertin）的回忆录[①]，以下就是这些雕刻品在法国制作的原因：

> （东）印度公司从来就没有被选中负责制造这些雕刻品，这是事实。中国皇帝打算在欧洲雕刻那些表现征服厄鲁特的画，这个君主委托广东的地方行政官收集这方面的信息：英国人首先被试探，但是，广东传教团的主要负责人勒费布弗尔（Le Febvre）神父，被他朋友中的一个官员引见给了地方行政官，这个法兰西的坚决捍卫者说，艺术在法国培植得比在欧洲任何另一个国家都要好，雕刻尤其发展到了完美的最高点。结果，在呈给皇帝的报告上，君主批复了他的命令，他要让反映自己伟大胜利的画由返回欧洲的法国军舰运到法国去。为了艺术家能够按照随作品一起的皇家布告中反映的意图来雕刻，他还让人给"艺术主席"写了一封信。当法国东印度公司常驻外交代表

---

① 法兰西学院图书馆未发表的手稿。

的快件送到巴黎的时候,居民代表和主管们都为中国皇帝的这样一个选择而欢欣鼓舞。他们心目中已经有了一些能够完成这个重任的艺术家。但是,在展开画卷的时候,他们发现了朗士宁的信和翻译成拉丁文、意大利文和法语的中国皇帝的通告,这封信是给"非常著名的艺术主席"的(他没有定性为学院主席的头衔)。然后,有人建议东印度公司的行政当局把这件事告知国务秘书大臣贝尔坦先生,他直接管理着东印度公司。这个大臣马上通知马里尼侯爵,让他亲自运送这些画作,从而得以直接向国王汇报,然后他就可以得到陛下派人完成中国皇帝的任务的命令。结果,绘画和雕塑学院的科尚先生被任命负责这个工程。贝尔坦先生为了能把最新的信息传达给中国特使和传教士,他几乎每年都在跟踪工程的进度。根据国王的命令,他与这些人保持着联系,伯纳瓦(Benoist)[①]神父,也就是在北京的法国传教团的修道会长,向中国皇帝汇报,说明贝尔坦先生已经妥善地照料了这些作品,对此君主表现出了极大的满意。

此外,贝尔坦先生也是个大收藏家,他是不会忘记自己的利益的,正如同这封写给马里尼侯爵的信中所说的那样:

[①] 译注:Michel Benoist,中文名为蒋友仁,法国传教士,圆明园修建时的设计师之一。

夏多(Chatou)　1771年5月18日

先生,四年前中国皇帝的战争画作运抵法国,想让我们著名的雕刻家制作,当时为了让它们到您手上,以便能在您的命令下由您任命的艺术家来完成,您还记得我提醒您时所冒的风险吧。现在工程肯定进行得很好。虽然据说中国皇帝除了给他自己保留之外,都不准他人抽取样品,我还是希望您将这16幅版画每个都能给我一幅,组成这一完美的收藏。我感激不尽。

诚挚敬意。

附言:(大臣亲手写的)

先生,我希望您不要忘记我,也希望您能严守秘密。[①]

这16幅版画的稀有性让夏尔特公爵的雕刻师,也就是勒巴斯(Le Bas)的学生伊思多尔-斯塔尼斯拉斯·埃尔芒(Isidore-Stanislas Helman)决定为其制作缩小的复制品。1785年,复制品以四册、每册四幅的形式出版了。接着,1788年埃尔芒根据贝尔坦先生书房里的原始画作刻出了一套24幅版画,名为《中国皇帝有纪念意义的事件》。另外,他还从同一个收藏中抽取了同一数目的版画组成了《孔子生活片

---

① 法兰西学院图书馆的未发表的手稿。

段概要》。钱德明神父（P.Amiot）①的《孔子的生活》中有25幅被雕刻出来，事实上里面包含着105幅画，我几年前在一个特殊的全集中看到了。埃尔芒的作品与科香指导下的雕刻相比，远远没有后者的精巧，自然也就少受重视。

中国皇帝去拜祭他祖先的坟墓
（出自埃尔芒的雕刻）

北京的传教士，尤其是钱德明神父，是中国画的大供应商。他们和1792年去世的国务大臣亨利－莱奥纳尔－让－巴

---

① 译注：别名钱遵道，Jean Joseph Amiot，法国传教士，乾隆十五年（1750年）来华，乾隆五十八年（1793年）卒于北京，精通满文、汉文，把中国的历史、语言、儒学、音乐、医药等各方面的知识介绍到法国去，引起法国乃至欧洲文化界的广泛关注。他曾经受法国国王路易十五的大臣委托，翻译六部中国古代兵书，第二部就是《孙子兵法》。

蒂斯特·贝尔坦（Henri-Léonard-Jean-Baptiste Bertin）有联系。人们把1762年夏尔特公爵书房的创作归结于贝尔坦，但是首先想到这个主意的应该是J.-N. 莫罗（J.-N.Moreau）律师。我们刚刚看了中国皇帝战役雕刻品中的一部分。1811年到1812年间，布勒东（Breton）在巴黎的内普弗（Nepveu）书店出版了六卷18开本的《微型中国》，包括一个有关这个王国的服装、艺术和行业的精选集，大部分是根据贝尔坦书房里还没有出版过的原本。稍后，从同一个源头汲取灵感，布勒东给这个全集另外加了四卷，是关于各种特产的，包括：漆器、竹子、茶、瓷器、米饭、丝绸、野生的蚕。那些从中国寄给贝尔坦的画册现在保存在国家图书馆的版画陈列室里，一些牛皮精装本上印着这个大臣的徽章：那是个纵横四等分的盾形纹章，第一部分，蓝色，一把镶金的银剑，徽章的下部是庄重的尖桩；第二部分和第三部分，银色，绿色的平面，上面有三朵开放的玫瑰，茎也是绿色的，在盾形纹章的上部有三颗金星；第四部分，蓝色，还有一个金色的狮子。贝尔坦的府邸在新卡皮西恩（Neuve-des-capucines）大街和林荫大道的转角处，花园一直延伸到街角。蒂埃利（Thierry）说到自然历史和中国珍奇陈列室时，提到这个大臣："贝尔坦先生不仅从让人参观这个陈列室中获取乐趣，甚至和那些希望从观察中获取一些有用东西的专家和艺术家交流不同的物件。"

传教士们是不会让我们忽视中国的建筑艺术的,在他们中间有蒋友仁神父那样的艺术家,也有王致诚神父那样的制图者,他们必然会留意到这种艺术在中国的独特性,出自版画陈列室的贝尔坦和德拉多(Delatour)的一些画册就证明了这点。至于威廉姆·钱伯斯(William Chambers)爵士,这位著名的英国建筑家,他以瑞典东印度公司商船货物经理的身份访问了中国,并在1757年的时候出版了一个大对开本的画册,有21幅表现建筑的画。他被乔治三世(Georges Ⅲ)任命负责修建一座名为"丘园"(Kew)①的花园,在那里他得以自由地发挥自己对中国风格的爱好。

钱伯斯写道,"我在中国看到的花园都很小巧,我记录下了和一个中国著名画家的多次谈话,都是关于他们的装饰艺术。这让我认识到存在于这种艺术中的理想和民族性。

"自然是他们的榜样,目标就是在所有最优美的不规则中模仿它。首先,他们观察地形:看看它是平坦的还是倾斜的,是否有一些丘陵或者高山,是宽阔的还是狭窄的,干燥的还是有沼泽的,水道丰富还是缺水。他们非常留意周围不同的环境,然后选择最适合这块地性质的布局,这要求最少的花费,最大程度地隐藏缺陷,强烈突出所有的优点。

---

① 译注:园内有湖,湖中有亭,湖的旁边还有一座九层(一说十层)高的中国式宝塔,每层有中式檐角,屋顶四周有80条龙作为装饰,涂上了各种颜色的彩釉。它一出现就轰动了整个欧洲,引发贵族争相仿效。

"因为中国人不喜欢散步,我们很少能在他们的园林中找到欧洲花园式的林荫道或者是宽阔的小径。整块的土地被分割成互不相同的场景,那些开放的通道在小树林间蜿蜒,仿佛使人置身于不同的景点,每一个景点都会由一把椅子、一个建筑或者是某个其他的物件表示出来。

"他们园林的完美在于数目、漂亮和场景的多变性。中国的园林设计者就像欧洲的画家一样,在事物的自然性质中收集那些最令人赏心悦目的,然后再努力将它们整合起来。方法不仅是分别用各自最精华的部分,而且还经由结合形成惹人喜爱和富有表现力的整体。"

尽管如此,除了塔楼的表现,中国的建筑艺术在我们国家没有表现出任何的影响。最著名的塔楼是在南京,用上了釉的砖造就,我们称它们为"Pagodes",也就是中国人所说的塔,最初从印度传入。画家们(参见勒普朗斯先生在尚缇伊房间里的一幅画)和挂毯的制造者们都自觉地用塔去装饰他们想象的风景画。施瓦瑟尔(Choiseul)公爵,1770年被流放到尚特鲁的领地,1775年9月2日到1778年4月30日由建筑师加缪(Camus)在图尔(Tours)到昂布瓦斯(Amboise)的大道上建起了一座7层的塔,39米高,在海平面以上185米的顶上有个镀金的球。一个要在石桥上为阿拉斯（Arras）主教建塔的计划也在实施。① 我们也可以在欧洲的其他地方看到这样的塔，例如，丘园里由钱伯斯建造的砖质宝塔，现在还存在着：我们存有它的设计图、正视图和剖面图，它是八角形的，有 10 层，163 法尺高。1773 年 4 月，一位诗人在《伦敦杂志》中歌颂的就是这座不朽之作：

位于昂布瓦斯附近的尚特鲁的塔
（出自勒鲁日丛书）

---

① Le Rouge, 20^e cahier.

让这些原生的壮丽辉煌使我们大饱眼福吧
八月，围绕广场的宝塔建起来
完成之后，展现在里士满无限风光里的
是丘园，一个令人惊叹的杰作！

在一个秀气的园林里面放置一个中式亭子，对所有的大领主和富有的金融家来说好像是花园必不可少的装饰，因为它的体积小，很轻盈，很快替代了流行很长时间的、由很多柱子支撑起来的圆形古典小庙。

建筑师弗朗索瓦·约瑟夫·贝朗热（François Joseph Belanger），1744年出生在巴黎，1818年3月1日去世，他对这种异国情调表现出狂热的兴趣。据海军的财务总长圣-詹姆斯（Saint-James）所说，投机家博达尔（Beaudard）在1782年的时候命这个建筑师为自己建造一所豪华的住宅，位于那伊（Neuilly）的布洛涅（Boulogne）大街。这个主人破产之后，住宅就到了1790年神秘死亡的普拉斯兰（Praslin）公爵手里。里面有一个中式花瓶、一个中式水槽、一个中式冰窖和一个亭子，还有另外两个中式凉亭、一座中式桥[①]。在

[①] *Recueil d'architecture civile...* par J.-Ch. Krafft, Paris, Crapelet, 1812, in-fol. —Planches 105, 106, 108, 113.

圣-詹姆斯的豪华游乐场附近,贝朗热花了63天的时间①为阿尔托瓦伯爵建造了名为"小玩意"的华丽住处。在它的花园里面,他造了两座中式的桥和一个巨大的中式帐篷②。

诗人勒米埃尔(Lemierre)就曾歌颂过"小玩意":

请您想象一下这片景色宜人的平原吧,
在那儿,圣-克鲁向那伊延伸,
塞纳河在花丛中蜿蜒,
它试图让它引以为骄傲的河水在这里久久地停留。
我们一点都看不到喧嚣的瀑布,
那只会给人带来忧愁。
但是,在这些安静的水泉女神边上,
邀请灵魂来享受这种精神上的愉悦吧,
虽然是英国式审美的忠实模仿者,
但在这些地方的艺术已经远远超出了它的样本。
贝朗热将他的法则加到造物主之上,
为了修饰这自然的美丽,
他混合了所有的方面,

---

① 克拉夫特的《汇编》中一幅大版画的批注是:"小玩意花园、大凉亭和附属建筑的总设计图,由建筑师贝朗热在1782年用63天建造",而在同一篇文章的第22页中,说到建设是在1778年花了64天完成的。

② Recueil de Krafft, pl.119-120.

那些绿色的草坪、鲜艳的花朵和成片的树林,

阿波罗找到了一个新的荣耀

展现在阿尔图瓦的容貌里,

所有的欢乐都供他挑选,

这个花园,它永恒的名字

轻巧地被称为"小玩意",

它使我们国王的花园也黯然失色了。

贝朗热没有忘记自己,在塞纳瓦兹(Seine-et-Oise)的桑特尼(Santeny),贝朗热夫人的家里,他在一个泉水旁边建立了一个中式浴室的亭子①。我们也有这个建筑师在1780年建造的一个风景秀丽的花园的设计图,这个花园位于胜利大街,里面有一座中式的桥和一个小的中式凉亭②。

然而,在属于庞蒂埃弗尔(Penthièvre)公爵的阿尔曼维利埃(Arminvilliers)花园里建造了两个中式亭子的是建筑师让-奥古斯丹·勒纳尔(Jean-Augustin Renard)。他是国王住所的监察员,1744年8月28日出生在巴黎,1807年1月24日去世。一个亭子是正方形的,另一个是八角形的,有一个向四周开放的走廊,自然还有一座桥。

在瓦伦塞(Valençay),贝纳旺(Bénevent)王子的家

---

① Recueil de Krafft, pl.36.

② Jardins de Krafft, 2ᵉ partie, 1810, pl. IV, gravée par Boulay.

里，我们看到了勒纳尔的作品。在那里，他建造了克拉夫特给出设计图、正视图、切面和细节的两座中式桥。"这两座桥并不是十分高雅的作品，然而却具有和中国风格相吻合的长处，有一些雅致的部分和注重修饰的细节。"① 在花园设计师中，我们注意到这些人：奥利维埃（Olivier），他在1790年完成了莫埃特（Moette）先生，也就是埃佩尔内（Epernay）② 的业主的园林设计，里面有一个中式的亭子；穆耶法里恩（Mouillefarine），是加缪先生在布洛涅的花园和住宅的建筑师，那里同样也有一个中式的亭子③；芒达尔（Mandar），建筑师，也是桥梁和道路的工程师，他设计了布洛瓦（Blois）附近玛多（Madou）城堡里带有中式亭子的秀丽花园④；科勒贝（Kleber），蒙贝利阿尔（Montbéliard）亲王的设计师，后来成为著名的战士⑤；让蒂（Gentil），在昂儒-圣-奥诺雷

---

① Plans des plus beaux jardins... par J.-Ch. Krafft, 1809, pl.16, gravée par Boulay.
② Jardins de Krafft, 2e partie, 1810, pl.15.
③ Jardins de Krafft, 2e partie, 1810, pl.25 et 26.
④ Jardins de Krafft, 2e partie, 1810, pl.77 et 78.
⑤ 在克拉夫特《中英式花园》（1809）中，由戈萨尔（Gosard）雕刻的版画是关于科勒贝的中国想象的：第50号，中国旋转秋千游戏的设计图和正视图，一个中国人蹲在主轴的上面；第57号，一座用大石块建造在高地上的寺庙的设计图、正视图和细节；第58号，剖面图；第59号，中式凯旋桥的建造和剖面图；第60号，5层的宝塔。克拉夫特在第89幅图中，也给出了一个八角形的中式凉亭，是由八个棕榈树的树干支撑的，材料是木和砖，作者是伍茨（Würtz）博士，凉亭位于斯特拉斯堡特勒泰尔（Treuttel）先生的花园里。

(Anjou-Saint-Honoré)大街的埃斯帕尼亚克（Espagnac）伯爵宅中，建造了一个中式的亭子①。

在弗朗孔维勒－拉－加雷恩（Franconville-la-Garenne），蒙莫朗西（Montmorency）别墅，阿尔邦（Albon）伯爵夫人的花园里，也有一个中式的亭子②，另一个在蒙维勒（Monville）荒漠中，距离圣－热尔曼（Saint-Germain）1.5里③。亚历山大·德·拉博尔德（Alexandre de laborde）是这样描述后者的："这个建筑是在那个时代风行的低劣趣味的一个例子，也是为了这种豪华的拙劣风格耗资巨大的一个典型。中国的建筑艺术并没有提供想象、优雅或者是坚固。某种轻巧和闪光是它稍微突出的唯一的东西，这至多是在它适合的花园里，才很好地被表现出来。这个亭子在过去有很大的名气。"④在朗布耶（Rambouillet）和博内尔（Bonnelles）的于

---

① *Jardins... de le Rouge*, XVIe cahier, 1786. [p.45]

② 我们可以在《蒙特莫朗西别墅和它最漂亮的花园的部分描述》（*Description d'une partie de la Vallée de Montmorenci et de ses plus agréables jardins*）中看到，有19幅雕刻作品，新版本，巴黎，1788年，18开本。

③ 译注：法国古里，长度因省而异。

④ Alexandre de Laborde, *Les Nouveaux Jardins de la France*. Paris, 1808, in-fol., pl.84, pp.149-150. 蒙维耶荒漠里有座中式房子，旁边有一个小亭子、一个花园、一扇门和一间茅屋等。它的风景画和剖面图可以在勒鲁日丛书《花园》中看到。

泽（Uzès）公爵的家里，同样可以看到一个中式的亭子[①]；特隆香（Tronchin）先生在谢洛（Chaillot）也有一个中式的花园。

朗布耶的凉亭（出自勒鲁日丛书，由贝蒂尼制图）

[①] 勒鲁日是国王的地理工程师，1784年到1788年，在格朗-奥古斯丁（Gands-Augustins）大街出版了20册对开本的画册，表现的是"流行的盎格鲁-中式风格的花园"，第6册是从国王的书房中选取的中国皇帝的主要休闲房间，在北京的时候是被描摹在丝绸上的彩色画。(Les jardins anglo-chinois à la mode. À Paris, chez Le Rouge, 1784-1788.) 其中有97幅版画：第14册，11幅；第15册，1786年，28幅；第16册，1786年，28幅；第17册，30幅。国家图书馆，版画Hd89，Hd89-89a，两卷，对开本；红色的纹皮精装书，包括1，8—14册；2，15—20册。博内尔、谢洛在里面都有复印件。

尚缇伊甚至可以为它自己的中式楼阁而自豪。我们可以在梅里戈（Mérigot）① 作品的第49页中看到关于这些花园和这个豪华住宅的风景图和描述。

在一片葱翠的庭院中，"我们看见一个中式的楼阁，上面有灯笼式的顶塔，四周环绕着四个小亭子。为了区分它们，每个上面都有一个正在演奏某种乐器的中国女子。

"里面有四个壁龛，每个都供奉着一位智者，上面都有一个中式香炉：在这些智者之间，窗间墙的前面是大理石的桌子，上面有一些表现中国节庆的浅浮雕。我们也可以在支撑多支烛台的柱壁上看到一些中国的文字语录。

博内尔的小楼（出自勒鲁日丛书）

"天花板表现的是天空，一些中国的鸟儿在上面飞翔。中间是一只鹰，它的嘴巴看起来正好叼着用花装饰点缀的分支

---

① *Promenades ou Itinéraires des Jardins de Chantilly...* par Mérigot. À Paris, 1791, in-8.

吊灯的悬挂绳,这个灯是一件非常漂亮的波斯工艺品。楼阁的两扇门装饰着一些帘子,它们被优雅地撩起。

"当人们在那里庆祝节日的时候,演奏者们被安置在环绕穹顶的地方,这样,大家就可以听见,但是看不见他们。"瓦格纳(Wagner)都没有想出这样的好办法。

这个楼阁是根据孔代王子路易斯·约瑟夫的要求于1770—1771年间在西尔维(Sylvie)小道纵横的树林间建造的,毁于大革命期间。建筑师是让-弗朗索瓦·勒鲁瓦(Jean-François Leroy),他于1729年9月24日出生在尚缇伊[1]。

在1780年到1789年间,摩纳哥(Monaco)的公主玛利-卡特琳娜·布里尼奥莱(Marie-Catherine Brignolé),也就是后来孔代王子路易·约瑟夫·德·波旁的妻子,装饰了桑利(Senlis)附近的贝茨(Betz)城堡和花园,这是她从勒·让德尔(Le Gendre)女王那里继承的财产。孔代博物馆的副馆长,博学者居斯塔夫·马孔先生根据18世纪末一份没有发表的手稿[2],向我们描述了这份产业的美丽之处。在那里我们领略到了真正的中国亭子和中式桥:"在靠近南面,桥的入口处,是两个可以活动的中式小宝塔,装饰着宫廷华丽的

---

[1] G. Macon, *Les arts dans la Maison de Condé, l. c.*, XII, p.219. 这个楼阁的复制品在第217页,根据的是梅里戈的作品,它是在1771年8月11日启用的。

[2] 《贝茨的花园》(*Les Jardins de Betz*)是居斯塔夫·马孔为桑利的考古学会作的一份未出版的描述性报告。Senlis, Imprimerie Eugène Dufresne, 1908, in-8, p.87. — Voir pages 25, 26 et 54.

外表，端坐在缀满珊瑚、贝壳的岩石上。在北面，桥的另一头是两个带翼的龙，尾巴像蛇，只是比蛇要长要大，它们的头是可以活动的，有三个嘴巴，每个嘴巴里衔着几个小铃铛，摇动的时候会发出响亮的声音。这座桥被漆上了各种不同的颜色，带有中国的象形文字的特征。那些龙在身体和翼的不同部分被涂上了金色、蓝色或是青铜色。"而那个由马孔先生复制的亭子，"是用橡树木材制造的，构成环行，并带有很多的装饰。这个国家所有的艺术都在这个小建筑中淋漓尽致地表现出来。在柱子和柱顶盘上都被装饰了花环，在柱身上和柱楣底部也一样多。带翼的蛇、珊瑚、珍珠、花环、椭圆形玻璃和小铃铛等都是按照这个国家的审美来布局的。一个5法尺高的圆柱柱廊支撑起整个屋顶架，上面布满了凹进去的小圆点。在每个柱子的上面是带翼的蛇，每条蛇的嘴巴里都衔着珍珠和珊瑚做成的花环，在它们上面是一条有着三对翼，三个头的大蛇，它俯瞰着下面。亭子的内部装饰着中式彩绘的花瓶，但是上面画的是这个国家的一些花和水果。光线是由六扇带有小方格的玻璃交叉门照进这个亭子的。屋顶，在天花板上有带翼的蛇和龙，还有博凯（Boquet）画的另外一些动物。从天花板的中间垂下来一个玻璃球，在球面上，我们从不同的位置可以看到相等数量的不同画面。地板铺上了红白相间的佛兰德斯地区的大理石方砖，在中间是相似的环形格子。"

装饰画家博凯在 1778 年装饰了波旁皇宫的单元房间，在 1781 年又装饰了尚缇伊的演出大厅①。

在蒙马特（Montmartre）林荫大道旁边的蒙莫朗西－卢森堡（Montmorency-Luxembourg）府邸里面也建造了一个中式的凉亭。不要把这个府邸和建造于 1775 年的蒙莫朗西府邸相混淆，后者位于昂坦（Antin）马路和巴斯－迪－朗帕（Basse-du-Rempart）大街的拐角处，现在已经被沃德维勒（Vaudeville）大剧院所取代。而我们所说的这个，是拉苏朗斯（Lassurance）在 1704 年建造，位于圣－马克大街和林荫大道之间。那是为国王的秘书托马斯·德·里维埃（Thomas de Rivié）造的，1714 年变成财政督察员德斯马雷（Desmarets）所有，1728 年开始归属蒙莫朗西－卢森堡公爵。从 19 世纪初开始，这个府邸就成为全景通道和珍奇博物馆。里面有八角形的亭子，屋顶上的角是按照中国的样式被挑起来的。亭子是用铁制成的，大概是用来斜眼观察在林荫大道上络绎不绝的上流人士。我们可以在康皮翁（Campion）的集子中看到它的样子②，在《在法国旅行所见的秀丽风景》一书中③，和在 1788 年勒鲁日丛书的第 20 本《中英式花园》中也可以看到。

---

① Macon, *l. c.*, p.57.

② N° 59 des *Vues pittoresques de Paris*, dessiné par Sergent, gravé par Guyot.

③ N° 79, dessiné par Lallemand, gravé par Née, Isle de France, Monuments de Paris, dans le t. III, Estampes, du *Voyage pittoresque de la France... publié par une Société de gens de lettres*. À Paris, de l'Imprimerie de Monsieur, MDCCLXXXVI, in-fol.

蒙莫朗西公爵的中式小楼（出自勒鲁日丛书）

在巴黎的另一个地区，比龙（Biron）公爵的公园里面，有一个露天平台，在靠近新林荫大道和巴比洛恩（Babilone）大街的转角处的角落里，也有一个中式小楼①。我们知道比龙公爵的府邸，原先是加布里埃尔和奥贝尔为佩里朗·德·莫拉（Peyrenc de Moras）建造的，现在已经变成了瓦雷恩（Varennes）大街的圣心修道院。

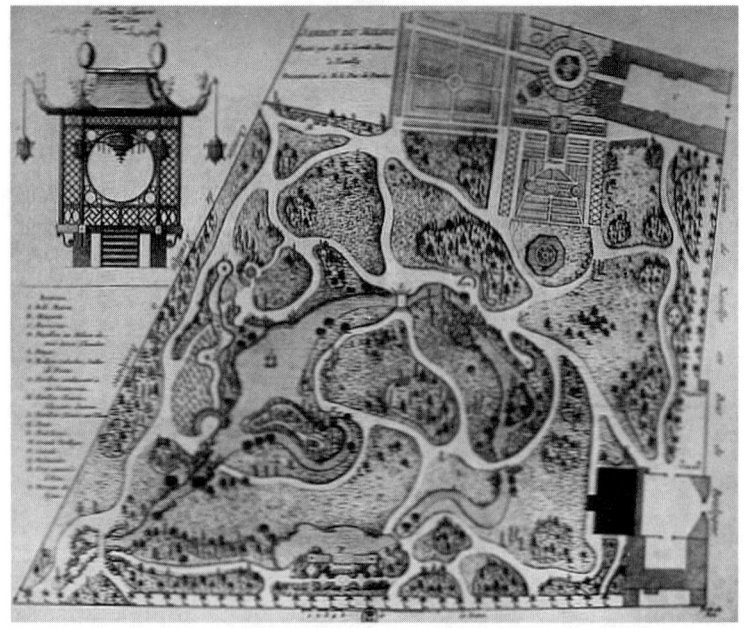

圣-詹姆斯的花园（出自勒鲁日丛书）

---

① *Jardins... de Le Rouge*, XIIe cahier [p.22].

第三章　中国皇帝的战争—中国建筑艺术—花园　　081

中式的凉亭或者是中式的楼阁，有的时候会被一个大的笼式鸟园所取代，就像兰方塔多（L'infantado）公爵在伊西（Issy）的家里那个，以前它的主人是博戎（Beaujon）。在那里有中国的金色山鸡，那在欧洲是相当稀少的①。

在英国我们也可以看到同样的狂热爱好。丘园的宝塔并不是唯一的例子，同样，在丘园还有一个中式的寺庙。由布莱（Boulay）雕刻的克拉夫特的三幅画，就是关于伦敦附近的威斯敏斯特（Wesminster）大街上一个公园里的中式建筑。它们的设计者是让·格伦当（Jean Grunden），他的图纸里面有：3号，单室套，四周装饰了细木工的贴面，其中一些部分是中国刺绣的画；5号，中式的沙发、桌子、椅子和灯；8号，用砖和石块制成的中式桥的设计图和正视图，桥上有一个用雪松木材建造的凉亭②。理查·格朗维勒（Richard Grenville）在布坎康希尔（Buckinghamshire）的斯托（Stowe）一个名叫"贵族殿堂"的著名寓所里面也有中式的桥和庙宇③。在圣-詹姆斯公园的运河上也建有一座中式的小桥。在威斯特法利

---

①　Thierry, II, pp.681/3.

②　建筑师和设计者，J.—Ch. 克拉夫特《法国、英国、德国最漂亮的花园的设计图》，还有建筑、纪念物和制造场等，这些有助于他们了解各种风格的建筑中的美化艺术，比如中国的、埃及的、英国的、阿拉伯的、摩尔人的等。Dédiés aux architectes et aux amateurs, Par J. Ch. Krafft, architecte, dessinateur... Paris, de l'Imprimerie de Levrault, rue Mézières, n° 8, 1809, in-4 oblong.

③　Krafft, Jardins, 2e partie, 1810, pl.89/92.

(Westphalie)的蒙斯泰(Münster)附近,斯坦福(Steinfort)的勒·巴尼奥(Le Bagno),英式—法式—中式结合的花园里也有一座中式的宫殿、一个中式的走廊、一个中式的花坛,还有中式的灯饰、一个中式凉亭、一个中式广场和一个中式客厅!①

中式喷泉及花坛和长廊,斯坦福的勒·巴尼奥(出自勒鲁日丛书)

弗雷得里克·勒·格朗(Frédéric le Grand)因为室内的装饰,而把在桑-苏西(Sans-Souci)的日式房子称为"猴子的客厅"。这个房子也有它自己的中式楼阁。

意大利人弗朗索瓦·贝蒂尼(François Bettini)为威尼斯在法国宫廷的大使德尔菲诺(Delphino)建造的一个英式—法式—中式结合的花园,一点都没有提供当时审美的更

---

① *Jardins... d^e Le Rouge, XVIIIe et XIXe cahiers.*

高旨趣。[1]

在栽培柑、橘或橙子的温室后面,"就是中式的园林,里面必须有很多的水、岩石、大理石、亭子、宝塔、瀑布和所有最珍贵的树木,比如:各种木兰树、所有的耐寒植物、中国或日本的大漆树、各种雪松(包括黎巴嫩雪松)、洋槐、桑树、橘树、金钟柏、棕榈树、鹅掌楸、柠檬树、杜鹃花等,把城堡装饰成中式的外表。其中的一个楼阁被当作'自然历史书房';另一个里面收藏了大量关于农业和植物学的书和版画;还有一个是物理学的实验室;最后,在宝塔里面,还建立了一个天文观象台。

中式客厅及设计图,斯坦福的勒·巴尼奥(出自勒鲁日丛书)

---

[1] De l'imprimerie de Demonville, rue Christine, 1786, 8 pages; voir pp.6-7 dans le XIIe cahier des *Jardins... de Le Rouge*.

"再后面就是一座让人匪夷所思的日本式小岛,人们在它的周围建起围墙,然后在上面画一个大海的码头,从城堡那里看过去,有一种它好像就在那个地方的幻觉。"

我们还要提到贝蒂尼,他为阿蒂希(Attichi)①的特雷穆瓦(Trémoille)伯爵夫人做了一个鸽棚的设计,里面就有一个中式的小桥②。在福雷恩(Fresne)的阿格索(Aguesseau)先生那里还有"一个中式花园的设想"。

1777年,勒鲁日丛书测量并且绘制了在格勒内尔(Grenelle)大街科塞府邸的中式花园中的两个拱墩和一个人造洞窟。

中国的工艺品甚至还到了房顶上,那些巴黎协和广场(La Place de la Concorde)和纽约麦迪逊(Madison Square)广场的空中花园的爱好者,在18世纪就已经有了先驱:1778年到1784年间担任商人官员的安托万-路易斯-弗朗索瓦·德·高马丁(Antoine-Louis-François de Caumartin)在1779年7月3日批准开放以他的名字命名的道路,就在林荫大道和新马蒂兰大街之间,原先这块地皮是马蒂兰的修道士们和大农场主夏尔·马兰·德·拉哈耶(Charles Marin de la Haye)所有,在卖出以后,后者住在旺多姆(Vendôme)大街,现在住在贝朗热(Béranger)大街。德·拉哈耶在新大

---

① Le Rouge, XIe cahier.
② Le Rouge, XIIIe cahier.

街的第一号让设计师奥贝尔（Aubert）建造了一个府邸，这个建筑现在还存在。这个建筑师在此地区建造了不少于28座房子。"蒂埃里在第一卷第136—137页写道，设计师奥贝尔先生在高马丁大街的左角，林荫大道上，也就是2号的奥芒（Aumont）府邸对面，建造了一处房屋，这个房子有个最明显的特点，就是没有顶楼，而是在整个建筑的顶上建起了一个露天阳台，组成了方圆120杜瓦斯（toises）①的花园。被大肆删截的柱群、栅栏上的凯旋门、金字塔废墟等装饰都被用来掩饰烟囱的突兀。我们也可以看到两座中式小桥，跨越在一条小河上，这条河在花园露台形成一个小岛以后，水流就往下供餐厅和浴室等用。"后来随着这个府邸的不断增高，这个花园也就消失了，我们可以在康普翁的集子的第二幅图中看到它最初的模样。在1908年12月12日的《旧巴黎委员会的公告》中可以看到它现在的样子，至少在最近被损坏之前——表面突起的那些雕塑都已经被毁掉了②。

---

① 译注：法国长度单位，1杜瓦斯约等于1.95米。
② 克拉夫特在他的《中英式花园》(1810) 第二部分中，第67、68幅画给出了"一个供娱乐的花园，建立在巴黎高马坦大街，艾蒂安（Etienne）先生的房顶的露台上，里面有中式的桥，还有用作瞭望台的中式亭子。建筑师是 J.-G. 勒·格朗（J.-G.Legrand）。"我认为克拉夫特弄错了，他说的应该是拉哈耶（La Haye）府邸。勒·格朗并没有在他评价很高的作品《巴黎和它的建筑描述》里谈到这座房屋。（纪念物建筑师 J.-G. 勒·格朗和画家 P.-C. 朗东联合出版，第二版，巴黎，1818年，第2卷，8开本。）另外，勒费弗（Lefeuve）在他的《巴黎古老的房屋》第5版，1875年，第235页中提到艾蒂安夫人，是把她作为新佩蒂-尚大街的所有者之一。

中国的休闲园林"据王致诚修士（Le Frère Attiret）①所写的，是非常迷人的。它们通常建立在一块开阔地上，在那里，人工建起一些小山，高度从20法寸到15、16法寸不等，这样就形成了很多的小山谷。清澈的水流形成的小溪穿过谷底，然后又在某些地方互相汇合，形成池塘或者更大的水域。到处都是小溪、池塘、湖等，上面有一些漂亮极了的小船，我曾经见过一条长13杜瓦斯、宽4杜瓦斯的船，上面还建了一座华丽的房子。在每个山谷里，水边是一些精致的房子，它们与房屋主体、水、开放或者封闭的走廊、花园、花坛、瀑布等完美匹配，共同形成了一个整体，使得人们一眼看上去就会发出赞叹。

"我们从一个山谷出来，不是经由像欧洲那样的笔直的漂亮小径，而是一些之字形的路，或是一些回环的小路，旁边又装饰着一些小亭子和小洞穴。出来以后我们又会看到另一个山谷，和第一个完全不一样，有的是依地形而造，有的又是为了顺应房屋的结构。

"所有的山和小丘都种满了树，尤其是会开花的树，它们在中国很常见。这真是一个人间天堂啊。那些小河一点都不像我们这里那样，边上都是规整的石头，而是依着它们原来的面貌，有些石块突出，有些就缩进去，摆放得非常有技巧。

---

① Lettre à M. d'Assaut, Pékin, le 1ᵉʳ novembre 1743 (Panthéon littéraire, Lettres édifiantes, III, pp.787 seq.).

我们说，这是大自然的杰作。有的地方小河是宽的，有的地方又是窄的，蜿蜒盘旋，就像真的是在小丘和岩石的推动下前进拐弯一样。河边岩缝里种满了花，看上去也像是自然生长的一样，每个季节都有不同的花开放。

"除了小河，到处都是小路，上面铺满了碎石，连接着山谷。这些小路也是弯弯曲曲的，一会儿在小河旁边，一会儿又远离了它。"

在稍远的地方，王致城修士又补充说：

"但是在这些园林里面，我们几乎到处都可以看到一种杂乱无章，一种不对称。所有的设计依据的都是这样一种原则：我们想要展现的是一个自然和充满野趣的村庄，是一个僻静的地方，而不是一个按照所有的对称和互补原则规划的宫殿。"

这个杰出的传教士跟我们讲："我的眼光和我的审美趣味，自从到了中国以后，就变得有点中国化了。"这是真的。

正如我们刚才浏览到的，中式园林的布局没有哪里是缺少自然的。我不仅要谈到皇家园林，也要来说一说一些特殊的园林。在广东附近的黄埔（Whampoa）有个中国富翁，1849年他在新加坡建立了一个很大的贸易公司，里面就有一个很特别的花园，树都被修剪成动物的形状，而且大小差不多。我们在版画陈列室中也可以看到一个编号为Oe26的图集，这个集子包含了四幅画在丝绸上的彩画，表现的就是从皇家园林中截取的中式风景。还有四幅展现了圆明园（Youen Ming Youen）的风光，是1744年由唐泰（音）（T'ANG Tai）和陈佑恩（音）（Chen Youen）画到丝绸上的。

除了王致城修士提供的信息，我们还有关于中国园林的其他资料。克拉夫特就为我们提供了"一个中国花园和房屋的整体设计图，它建在距离北京45古里的地方，属于一个官员，由在这个地区待了几年的园林设计师斯托恩伯格（Stornberg）先生制图并负责建造"①。克拉夫特还给出了建造在鲁昂的一座迷宫的设计图，迷宫中心有一个中式的凉亭。② 我们也可以在勒鲁日丛书第14、15、16册中，发现表现中国皇帝11处主要园林的一个系列的97幅图，它们是从我们国王的书房里面抽取出来，根据在北京时画在丝绸上的画描摹而成的。

除了王致城修士，在北京传教团中还有另外一个艺术家、画家，就是吉乌塞普·庞茨（Le Frère Giuseppe Panzi）修士，他1734年3月2日出生在意大利的克雷莫（Crémone），中国名字是潘廷章（Pan Jo-ché），很有名。他和德国纽伦堡（Nuremberg）的著名博学家克里斯多福-泰奥菲尔·德·米尔（Christophe-Théophile de Murr）保持着联系，还和贝尔坦大臣交往甚密，这个大臣在1781年11月16日写信给他说："阿米奥（Amyot）先生已经把您出于好意送给我的阿桂

---

① Krafft, 2ᵉ partie, 1810, pl.95 et 96.

② Krafft, 2ᵉ partie, 1810, pl.45.

(Akoui)① 将军等人的画像寄给我了，非常感谢您，这使我感到非常高兴……您还没有收到我给您寄的东西吗？那是用未上釉的本色瓷制作的乾隆皇帝的全身像以及在法国瓷器上绘制的他的肖像。我真诚地希望（中国）皇帝可以看到它，并且就我们的这种工艺给出意见。翘企示复。"②

蒋友仁神父 1715 年 10 月 8 日出生在奥顿（Autun）或是第戎（Dijon），他受中国皇帝的委派，负责指导北京附近的圆明园的建设，这是一座欧洲风格的休闲园林。国家图书馆的版画陈列室里有一个编号为 Oe18 的画册，里面有 19 幅画，表现的是一系列不同的风景，是关于圆明园 36 个院子中的一个，那些原始图纸是由传教士们自己在 1794 年根据荷兰人在广东的主管冯·布朗·乌克盖斯特（Van Braam Houckgeest）的要求绘制的，并由他们承担费用。这些画后被中国画家复制。版画陈列室还有 40 幅印在塔夫绸上的图片（编号 Oe21a），是关于颐和园的，那是为了向巴伐利亚的路易二世汇报而制作的，他想要造一个和颐和园一样的宫殿（但是计划并没有实现）。

1786 年 1 月，传教士们寄回了一座宅院的剖面图和正视

---

① 译注：阿桂（1717—1797），字广廷，一字云岩，满州正蓝旗，后入正白旗。他出身于达官显贵之家，一生任要职。平定大小金川时，被任命为定西将军。

② 法兰西研究院图书馆未出版的文献手稿。

图，以下是对它的描述：

"在正视规划图中，在一条河上横跨着一条中式的长廊，在整个房屋的前面，也标注出一条沿着花墙的长廊，从房屋一直延伸到露台的高墙。这条长廊不断延伸，与小巷形成直角，然后以和露台一样的宽度回转，一直到河边的墙，墙的转角是一个小亭子。

"在正视规划图顶部，写着河边房屋对面的规划和设计。

"在正视图的右边，在露台的下部有一个中式的亭子，也就是位于大花园的底部的那个露台的尽头。

"宅院的剖面图绘制了一条长廊，它从一个房屋群的中间延伸到另一个房屋群的中部，这在长廊前面标有文字说明。

"在大花园上面的露台的尽头，也就是在剖面图的右边，或是一个独立的亭子，或是在大花园下方文字标注露台尽头的位置。

"在剖面图的顶部，写着大花园延伸到的露台边侧的规划和设计。

"剖面图、正视图之外还有一幅图画，上面有文字说明。这幅图是从某个入口处院子里的房子看出去的，它的众多露台都向另一部分的河流延伸过去，所有的都是在大花园露台的对面。图的顶部标记了更多的文字说明。真实的住宅图和在正视图下面的剖面图都被绘制出来，正视图是以河上太阳升起的方向为正面。

"在图的右边标注着这里是城堡的院子。更多的注释写在下部的图画的右边,在城堡底层的前面是第一个露台或者花圃,在图上遗漏了一个标注,或者说人们只标出了它的大支撑墙。

"在正视图的左边是一个大的方块,或者说是在图下方的边上标明了大片的房屋。在东侧,也就是在图的右边标明的是北方。图的左边标明的是中间,剖面图的上边标明的是太阳下山的方向。"[①]

---

① 法兰西研究院图书馆未出版的文献手稿。

第四章　巴黎的中式浴场—游乐场—旋转秋千游戏—塞拉凡（Séraphin）戏剧—莫罗夫人（Moreau）—中国丝线

对于中国事物的爱好，我们也可以在这样一种公共机构中找到验证，它曾经以"中式浴场"的名字而出名。然而里面的布置肯定会使天神的儿子们（中国人）惊讶，因为在野蛮的高卢人的首都，它已经被歪曲了。

18 世纪末，以前在图尔内（Tournelle）桥底下的"中式浴场"和游泳学院一起建在圣-路易（Saint-Louis）岛临海的一角。① 还有叫作"东方浴场"的，"在舒瓦瑟林荫大道上，米肖迪埃（Michaudière）大街的角落里"②，这些东方浴场后来更名为"中式浴场"，正是以这种称呼，它们才出名

---

① J. A. Dulaure, *Nouvelle description de Paris*, 3ᵉ éd., Paris, 1791, I, pet. in-8, p.72.

② J. A. Dulaure, *Nouvelle description de Paris*, 3ᵉ éd., Paris, 1791, I, pet. in-8, p.73.

第四章　巴黎的中式浴场—游乐场—旋转秋千游戏—塞拉凡（Séraphin）戏剧—莫罗夫人（Moreau）—中国丝线

的。米肖迪埃大街的这个角落写着意大利人大街 25 号。①"这里的建筑风格是土耳其、中国和波斯杂糅的，勒诺瓦（Lenoir）先生给它取了个外号叫'美妙仙境'"②。古怪的居赞（Cuisin），也就是那个"几本小说的作者"，在他关于《献给女性的巴黎浴场或是女士们的海神》的作品中，第 8 幅画便是描绘"坐落在意大利人大街的中式浴场，也就是以前的东方浴场"，它因为一首诗作而出名③：

> 多么伟大的国家啊！不用出巴黎，
> 在皇宫里，您就拥有了中国的工艺品：
> ……
> 一个从北京来的中国乐队，
> 用夸张的方式演奏着马丁的独奏曲。
> 但是中式浴场，却是另一个巧夺天工的艺术品。
> 从一个高雅的凉亭开始，您就进入了这个建筑；
> 穿过嵌着一堆堆贝壳的石膏岩石构成的纸板盒式的山洞，
> 展现在您面前的便是它迷人的境界。

---

① *A New Picture of Paris*... by Edward Planta. London, 1831, p.286.

② L.Prudhomme, *Miroir de l'ancien et du nouveau Paris, avec treize voyages en vélocifères*... Paris, 1804, 2 vol. in-18, II, p.231.

③ *Les Bains de Paris ou le Neptune des Dames... Dédié au Beau-Sexe*. Par Cuisin, *auteur de plusieurs romans*. À Paris, chez Verdière, 1822, 2 vol. in-12, I, pp. 105-106.

……

这样，巴黎人在自己家的附近，

手杖拿在手里，就可以轻易地登陆广东了。

还有一条摘录给我们解释了"一个咖啡馆，坐落在左岸长廊的中间，以前曾经叫做'异域咖啡馆'，一段时间以来，它更名为'中国咖啡馆'。那里的服务生都是穿着东方服饰的漂亮女士，她们以一种优雅的方式带来我们所需要的……在楼梯下是一个不移动的中国人，他打扮成持戟步兵的样子……"这个咖啡馆是卡于斯·格拉许斯·巴伯夫（Caïus Gracchus Babeuf）和他的同党们经常见面的地方。

我们在康皮翁兄弟出版社（鲁昂，圣-雅克大街）的《巴黎的优美风景》这个集子中可以看到，由塞尔让（Sergent）画、居奥（Guyot）雕刻的第102、106号作品，前一幅让我们看到了"昂坦（Antin）林荫大道的新中式浴场"，后一幅是浴场的内部景象。它看起来是由两个双层的侧翼建筑构成的，每个面有三个窗户；底层不断延伸，在院子中心后面汇合，那里有一个建在岩石上的中心小楼的三个墙面，是正在建造的六边形的一半，上面还有一个小的观景台。小楼的三角楣上嵌入了一些八角形的窗子，是类似中国风格的，正好在一小片水前面。穿过一个由支柱撑起的雨棚，从林荫道上我们可以从更远处看到，小楼从表面上看是

第四章　巴黎的中式浴场—游乐场—旋转秋千游戏—塞拉凡（Séraphin）戏剧—莫罗夫人（Moreau）—中国丝线

铁质的，它与两个侧翼建筑的屋顶相通，那两个屋顶上飘动着画着鱼的风信标。

爱德华·富尔尼埃（Edouard Fournier）告诉我们这个"看起来很适合做礼物的、巨大的伪中国玩意儿，有一天从纽伦堡运来，因为很遗憾没有能够进入隔壁的玩具商人唐皮埃（Tempier）的家里，而被放置在米肖迪埃大街的角落"①，从1853年起它就不存在了，取代它的是一幢大建筑，底楼就是维奥莱（Violet）香水店，二楼是"铁路俱乐部"。

国王的手工艺人克洛德·吕吉埃里（Claude Ruggieri）提醒我们一个"中国游乐场"的存在："这个名字是源自它的装饰风格，它建在圣-洛朗（Saint-Laurent）市集，1781年6月28日星期四开业。在那里，我们可以看到旋转游戏，是一种东方的秋千，在一个常年都清凉的隧道里还有一个咖啡馆，最后还有一个跳舞沙龙。次年，又增加了一些新的游戏。1783年，为了庆祝国王的节日，挂上了彩色玻璃的灯饰。1784年，娱乐没有什么改变。但是在1785年的夏天，这个游乐场以'中国小楼'的名字只开了两次。5月25日人们在那里举行了一次特别的庆祝，同时结束了在圣-洛朗市集的游

---

① *Paris dans sa splendeur*, Paris [et] Nantes, Henri Charpentier, II, 1861, chap. III, p.20, in-fol. —*Promenade historique dans Paris*, 1894, p.108.

乐。"① 秋千是由一个中国男人和一个中国女人来表演示范的，贝蒂尼（Bettini）勾勒出了它和旋转游戏的图样。②

中式秋千（藏于装饰艺术博物馆图书馆）

---

① *Précis historique sur les fêtes, les spectacles et les réjouissances publiques...* par Claude Ruggieri, artificier du Roi. Paris, 1830, in-8.

② *Jardins anglo-chinois*, de Le Rouge, XIe cahier. 在秋千画的下面我们可以看到署名：F.Bettini。

第四章　巴黎的中式浴场—游乐场—旋转秋千游戏—塞拉凡　097
（Séraphin）戏剧—莫罗夫人（Moreau）—中国丝线

旋转游戏，巴黎的中国游乐场

（出自勒鲁日丛书，贝蒂尼绘图）

　　旋转游戏在当时非常流行，我们可以列举出其中的一些。蒙科·夏特尔公爵的英式花园里有一个很有名的中式旋转游戏，它的四周是一个湖。"三个中式宝塔在上方支撑起了一个大伞。这些宝塔靠在一个水平横杠上，随着它们根部的底一起移动。使它旋转的机械装置是在地下依靠人来推动的。底的四周有四个铁的分支，两个是用来支撑先生们骑在上面的龙的；另外两个上面则躺着一些中国人（像），它们伸出一个手臂作为坐在上面的夫人们的垫子，一只手就打着一把缀满小铃铛的伞，另外一只手伸出来是让她们放脚的。顶上的大阳伞四周也缀满了椭圆形玻璃和小铃铛……"①

在小特里亚农宫的右边，人们曾经为皇后造了一个中式风格的旋转游戏，艺术出版协会根据曾经属于玛利·安托瓦内特（Marie-Antoinette）（路易十六的皇后）的藏品中的一幅水彩画复制了它的样子。

我看到过 J.D. 迪古尔（J.D.Dugoure）的一个设想，他要在湖的中间建造一个游戏厅，用威尼斯轻舟把人运上去。凉亭的下面是用柱子撑起来的，底部是宝塔，这让我想起上海。设计者的刻印是迪古尔和贝尔道（Berthault）。

在巴黎的唐普尔（Temple）林荫大道，有一个中式咖啡馆，也有相关的趣闻。②

我们都还记得给我们的儿童时期带来欢乐的塞拉凡剧，其中的中国皮影戏也不容忽视。首先是在皇宫、在欧洲东方集市，然后是儒弗鲁瓦（Jouffroy）通道。"普律多姆写道，一定要去看一看塞拉凡的中国皮影戏。我们注意到从晚上 6 点到 10 点在皇宫门口有一个人，不断地向行人

---

① *Guide des amateurs et des étrangers voyageurs à Paris,...* par M. Thierry. À Paris, MDCCLXXXVII, I, p.72.

② *Les cafés de Paris par un flaneur patenté*. Paris, 1819, p.112.

第四章　巴黎的中式浴场—游乐场—旋转秋千游戏—塞拉凡（Séraphin）戏剧—莫罗夫人（Moreau）—中国丝线

叫嚷着类似这样使人厌烦的话：'先生们，请进来吧，演出马上就要开始了！'"① 这些皮影戏是在一束光线的基础上弄出影子来，它是从德国介绍过来的，在那里1767年它就以"Schattenspiel"这个称呼而为人所知了。在1770年8月15日格里姆（Grimm）的《文学通讯》中，有关于"不断变换场景的影子"的内容。塞拉凡剧有它自己的主人公，并因此而具有了不同的渊源："1772年的某一天，一个叫弗朗索瓦的年轻的洛林人……来到了凡尔赛（Versailles）城，请求在朗尼翁（Lannion）花园② 组织一个新类型的表演，这种表演在当时的法国还很少有人知道。十有八九，他是从自己长期居住的意大利引进的。"③

"塞拉凡"出自塞拉凡·多米尼克的名字，他是让－弗朗索瓦和加布里埃尔－雅克林娜－路易斯（Gabrielle-Jacqueline-Louis）的婚生子，1747年2月15日出生在隆维（Longwy）。一直到1784年，当塞拉凡将他的戏剧带到皇宫和巴黎的瓦卢

---

① L.Prudhomme, *Miroir de Paris*, 3e éd., 1807, V, pp.261/2.

② 朗尼翁（Lannion）府邸位于萨托利（Satory）大街25号。"这个府邸在路易十五时期转变成了客栈和一个公共的舞厅，经常光顾这个皇家花园的是一些轻佻的妇女、放荡者还有风流的路易十五。主张绞死这个国王的达米安1757年1月4日和5日就住在这里。——人们在巴黎也建立了一个重要的运输处，1780年，塞拉凡开始在那里表演中国影子戏，好像是他发明的一样。"Auguste Jehan, *La Ville de Versailles*, 1900, p.150.

③ *Feu le Théâtre de Séraphin. Depuis son origine jusqu'à sa disparition* 1776-1870. Paris, Rouquette, 1872, in-8, p.143.

瓦（Valois）长廊，这种孩子气的娱乐才开始流行。塞拉凡的保留剧目有120个，其中46个是木偶剧，74个是中国皮影戏，包括了一个名为"中国的胜利！"的皮影戏。

一个塞拉凡剧的痴迷者这样评价它：

"必须承认，塞拉凡先生是一个伟大的人！多么富有智慧和想象力！多么伟大的构想！一句话，他是一个杰出的人！没有人能够不承认他是所有过去、现在和将来的中国皮影戏的发明人。多亏了他，巴黎的演出节目单上又多了一种戏剧，而出于一种无意的错误，我们在论述法国戏剧的文章中，常常因为忽略了它而没有谈到。

"如果杰出的塞拉凡死了，至少他的秘密不会和他一起被埋葬。除了热情，他还让后来者继承了他的才华。我们还可以在剧院里看到中国皮影戏、男男女女的牵线木偶演出的喜剧。还有多子女的季戈涅妈妈[①]，像乌龟一样躺在舞台上，她那些手指般大小的孩子们一来到这个世界就拉直了雄壮的大嗓门叫唤；那些装了弹簧的玩偶像公牛一样也扯直了嗓门唱；被灯光照亮的纸做的宫殿被用作背景；粉红色的恶棍充当一些献殷勤的可笑的人；稻草做的士兵站在纸板做的城堡前面；鸭子们贴着肚子在一群群地过河；还有独自跳舞的火鸡们，他们表现的是演员旁边众多的观众。

[①] 译注：法国木偶戏中的角色，身材高大，从她的裙子里会走出一大群孩子，常用来形容多子女的母亲。

第四章　巴黎的中式浴场—游乐场—旋转秋千游戏—塞拉凡（Séraphin）戏剧—莫罗夫人（Moreau）—中国丝线

"但是，为什么要把这种供人娱乐，充满想象力的幻灯变得可笑呢？如果说我们在中国皮影戏里面找不到丝毫有益的意义，那么至少也不要担心里面有危险的不道德成分。这种表演，使当地的所有小孩和女仆都得到了快乐，这就已经完成了它的任务，当然，再向它要求更多的优点是不公平的。它做了所有它可以做的和所有它承诺要做的，我们没有权利去要求它自身能力之外的。它拿出了全部的水准，并且达到了爱好者的要求，为什么人们还要指责它没有普遍的意义呢？难道其他的戏剧中没有一些和它一样形式简单，但是又使心灵'堕落'的表演吗？那个重登蒙唐西埃（Montansier）剧院教士会的读者都说了些什么呀！……"①

---

① *Le censeur ou Voyage sentimental autour du Palais-Royal*; Ouvrage critique, historique et moral, dédié aux étrangers. Par Joseph R*** y. [Rosny]. À Paris, chez Madame Masson, rue de l'Échelle, n° 558, au coin de celle de Saint-Honoré. —An XI. —1802, in-12, Voir chap. XIII. Les ombres chinoises de Séraphin, pp.85-88.

在下面的一卷里面，L.V. 弗拉芒-格雷特里（Flamand-Grétry）曾经想组织一个关于戏剧的对话，即：塞拉凡的戏剧或者是中国皮影戏，为孩子们如实地改成了对话体、改编和提供道德教化。作品被装饰了 14 个中等大小的画，还有很多杜普拉（Duplat）和贝纳尔（Bénard）在木板上雕刻的画，巴黎，1806 年，第 2 卷，12 开本，第 8 章，第 95—98 页。

包含有 12 个对话：1. 打翻的有蓬双轮轻便马车；2. 季戈涅妈妈；3. 学校主管；4. 驴子和他的主人；5. 围猎野鸭；6. 断裂的桥；7. 伐木工人；8. 地狱里的俄耳甫斯；9. 魔术师罗托马戈（Rothomago）；10. 莫贝（Maubert）广场；11. 被拔了毛的母鸡；12. 轻信的糊涂虫。国家图书馆，inv .Yf.4571-4572。

秋千，巴黎的中国游乐场
（出自勒鲁日丛书，贝蒂尼绘图）

我们还不了解为什么要对浸泡在酒瓶里的中国柠檬大加蔑视。巴黎综合工科学校的年轻人在街上排成单行纵队，每年一次要去学院的广场吞食这些东西。那是在莫罗夫人古老

第四章　巴黎的中式浴场—游乐场—旋转秋千游戏—塞拉凡（Séraphin）戏剧—莫罗夫人（Moreau）—中国丝线

的公益机构里。对于这个传统，10世纪的历史学家们只能追溯到一个无法确定的年代。

在梅尔西埃（Mercier）的《巴黎场景》[①]中，有一章是关于美食的。他在第345—348页中写道："我从来没有经过圣-奥诺雷大街而不进阿里格尔（Aligre）大饭店的……我们在那里可以看到著名的美食圣殿……在那里买吃的，不到一刻钟的时间，一顿丰盛的饭菜就准备好了。贝约恩（Bayonne）的烤火腿、维埃松（Vierson）的烤脖颈，人们尽数摆到了桌子上。在这里，从开胃酒到最后的甜点，所有的菜式都不会缺少，我们可以找到标注着勒旺[②]的椰枣、马赛的无花果、软壳巴旦杏、马尔特（Malte）的橙子冻和中国的糖渍小柠檬……"

那么"中国"线呢？它只起源于我们这个世纪，那是里尔的Ph.弗罗（Ph.Vrau）公司的财产，它的负责人很殷勤地写信给我的一个朋友，说："我相信选择'中国'这个商标是偶然的。我的祖父在1847年把它用在所有的亚麻、棉线和丝线上，但是，它特别地用来标明成束的亚麻线。11年后，也就是1858年，他又为线团做了一个更完备的商标注册，并将这个商标用在成团的线上。"

[①] Nouvelle édition, XI, à Amsterdam, 1788, in-8.
[②] 译注：Levant，古代称法国以东的东方国家，地中海东岸地区。

第五章　马丁漆—画册—屏风—其他物品—肖恩（Chaulnes）公爵的书房

我们通过欧洲的旅行者认识了从广东进口的商品：除了绿茶、红茶和丝织物以外，充斥着外国人住宅的主要产品是南京的黄色丝织品（云锦）、瓷器、粉状糖和冰糖、樟脑、桂皮、中国红皮萝卜、中药、大黄、木制工艺品、烟火等。还要加上广东的象牙、宁波的雕刻木艺、福州的棕色和金色漆、北京的红色漆、滑石做成的小摆设、玉做成的花瓶和神像以及其他的货物，这些货物装满了那些从广东起航驶向洛里昂（Lorient）的船只。比如，我们在一份始于1716年和1732年的豪华家具的手抄官方清单中发现（里面提到了vandège）：

"一个上了中国漆的旺代日（vandège），黑色的底，上面点缀了鲜花和镀金装饰，展现的是镶银的两个画屏，2法尺长，8法寸高，18法寸宽。"①

---

① *L'Intermédiaire des chercheurs et des curieux*, 10 déc. 1883, col.707-708.

第五章　马丁漆—画册—屏风—其他物品—肖恩（Chaulnes）公爵的书房

一个《经纪人》杂志的通讯员告诉我们，所谓的 vandège 是上了中国漆的盘子：法语中的 vandège 就是西班牙语中的 bandeja，法语发音时按照自己的习惯用 v 代替了 b。①

有一些艺术家是使用中国漆的专家。德·尚波告诉我们："第一次提到漆的工艺是在 1692 年出版的普拉德尔的《实用手册》中，非常详尽地描述了 17 世纪末科学和艺术的状况。它也提到了在近圣-安托万郊区做得最好的一家，就在'新月'的对面，梳理了所有种类的上了中国漆的家具。里面又补充道，朗格卢瓦（Langlois）和他的长子用令人惊叹的方法制作了一些中式的屏风和橱柜，他们就住在夏罗恩（Charonne）街附近的圣-安托万大街。朗格卢瓦的小儿子，也就是住在蒂格热朗德西（Tixeranderie）大街佩尔迪卡（Perducat）家的外科医生，很擅长中国的插画和装饰。1655 年，路易斯·勒·翁格尔（Louis le Hongre）丰富了凡尔赛宫两个书房里装饰着中国漆的画，他在凡尔赛宫也画了一些相同风格的画（见国王房产账目）。"② 马丁家族对制造漆的工艺的完善，就像德·尚波所说的那样，给这种工业艺术的生产带来了很大的扩张。

"几年前，巴黎的老宾馆和饭店还有马丁家族绘制的装饰。我们认为现在已经不存在这样的装饰了，我们看到的最

---

① *L'Intermédiaire des chercheurs et des curieux*, 25 déc. 1883, col.756.

② Alfred de Champeaux, *Le Meuble, Paris*, Quantin, II, p.184.

近的一个样品是从阿弗雷（Havré）酒店搬走后，放置在蓬塔巴（Pontalba）酒店的。这些画板上有一些人物和宝塔，那是在黑色的底上用金色凸显出来的，是个相当粗劣的作品。其他工艺更好的碎片，在一次拍卖会上从商人蒙布罗（Monbro）手中转入了卡尔纳瓦莱（Carnavalet）酒店的收藏。两个门的上部，围绕着一个木制的边框，它被最大限度地切割下来，这些是这个整体中保存得最好的部分。它们表现的是中国围猎和打鱼的主题，这使人们得以欣赏这种特别艺术的新面目，也就是它被应用到了立体的装饰上。"①

人们也用日本或是中国的老漆来修饰家具，用镂雕的铜来装饰它们，就像汉密尔顿（Hamilton）公爵在法国买的那些一样。里厄瑟内（Riesener）是十八世纪末最伟大的家具艺术家。

"雅克玛（Jacquemard）先生在1861年的《美术报》出版了国王给议会的诏书，它批准寡妇高斯（Gosse）和她的女婿弗朗索瓦·萨姆索（François Samousseau）在巴黎建立一个用中国的方法制造漆的手工作坊，目的是将它应用到所有种类的金属、木材、皮革、纸板、石头等材料上面。在他们作坊的门上写着这样的说明文字：'中国手法的皇家制漆作坊'，里面还有一个瑞士仆人。由绘画雕刻大师和名漆匠高斯

---

① Champeaux, *l. c.*, p.192.

第五章　马丁漆—画册—屏风—其他物品—肖恩（Chaulnes）公爵的书房

先生发现的这种漆的秘密，看起来与艺术相比，被更好地应用到了工业生产上。1773年沃尔夫（wolf）商店经常被人提及，是因为它里面有很多上了优质漆的小器皿、生活必需品、盒子和鼻烟盒。"①

人们也从广东发送一些精心绘制的画册，那是画在欧洲人指定的稻草纸上的，事实上，那是用一种叫纸莎草的植物的精华制作成的。版画陈列室有大批这样的画册，它们出自很有名但是相对简陋的手工作坊，也就是道光年间（路易·菲利普时期）。

到我自己拜访中国的时候，对于欧洲人来说，让广东的艺术家把自己的肖像画到象牙薄片上已经成为一种风尚了。这种饰品的画法很浓缩，按照当地人的做法，他们都拿一根细绳挂在脖子上，眼睛的画法也是他们自己的风格。在日内瓦的阿里亚纳，我们可以从一个中国人在象牙上画的小肖像上看到这种工艺，那是阿里亚纳·勒维耶奥（Ariana Revilliod）夫人的，在这个肖像旁边是马索（Massot）作的肖像，以及慷慨的捐赠人的父亲杜福（Dufaux）制作的一个陶土塑形和一个大理石塑形。

北京的传教士们想方设法地去寻找一些能讨巴黎的保护者和朋友欢心的东西：象牙扇子、上等的好茶、中国墨水［最

---

① Champeaux, *l. c.*, p.194.

好的墨是在安徽（Ngan-Houei）省的徽州（Houei-tcheou）制造的]、一片片的漆纸、作在玻璃上的画、人工做的花等。

　　有的时候在他们寄回来的货品中也有一些特别有意思的，例如这个石制的屏风，我不知道它后来在哪里：

　　"一个风格独特的石制屏风，有10个画面，每个6法尺高、9法尺宽，每个包含5幅石画，2幅在下面，2幅在上面，第五幅在中间，大约有2法尺高。这些画是在白色大理石样式的石头上作的，所有的画都是由我们在广东找到的最优秀的画家中的两位完成的。在中间的10幅画表现的是一个汉族皇帝的乡村别墅。我们在第一幅中看到了皇宫的两个仆人，一个手中拿着扇子，另一个坐在一间偏僻的房子里读书。第二幅，是身着便装的皇帝自己，正在和他的大臣谈话，在他的后面，有两个女子站着，好像是为了服侍他。这些画上方和下方的10幅画中，我们看到了不同种类的鲜花、小鸟和昆虫。

　　"镶嵌这些画的框有50个，是双面的。里层是用一种叫楠木的略带黄色的木材做成的。如果在法国这种颜色不招人喜欢的话，我们可以让它镀金。外层的边框，也就是围绕着黄色边框的，是用一种硬木做成的，颜色比起黑色来更接近棕色。我们已经让人做了这些黄色的边框，要求比原来的重量轻一些，硬度低一些，为的是更适合雕刻，不让人误以为是铁制的器具。人们还没有想过要寄一件相似的作品到法国,我们敢夸口,它们肯定可以取悦法国人的眼睛。除了我们可以看到的很多作品以外,我们还亲眼看到了两个老画家连续一个月的工作。然而画作还是有些缺陷的,尤其是联系到透视法。

杨德望在1765年11月14日的一封信中描述了这个屏风,在1767年11月29日寄自广东的另一封信中提到了运输的人们所需要的石块。

"颜色能够轻易地渗入石头而不失其鲜艳,在法国博得很多的夸赞与惊奇,这并不是出自一种技巧,而是这种白色石块自然特性的结果。甚至在中国,颜色也并不是能渗入所有的石头而不大大改变其自身性质的。我只知道中国的两种石头,它们能够使用在上面的颜色保持鲜艳。第一种是从山东(Chan-tong)省一个城市的山里开采出来的,第二种是在一个叫作肇庆(Tchao-King)的地方。开采地在城里,或者是在这座城附近,大概距离当时的广州有两天的路程。人们会说'这正是制造屏风的石块'。我不知道有没有其他的采石场有这种石头。根据别人告诉我的,这些白色的石块是很大的立方体,人们在山上把它们给敲打下来,然后用带沙子的锯子切割成石板,有点像我们在法国锯大理石。接着,人们用一块更坚硬的石头来把它们磨光,之后,才能在上面画画。画作完成之后,人们在上面上层蜡,接着加热整个石板,用一把木制的刮刀尽可能地把它去掉。通常上面还会残留一点蜡，这就使得颜色不会因刮擦而变得模糊。"①

这个屏风看起来在巴黎迅速地激发了人们的好奇心，因为我在1778年10月26日韩国英（P.Cibot）②神父从北京寄出的一封信中找到了下面这个注释：

"关于屏风，杨神父和高神父跟我谈过很多，但我只有一些模糊的记忆。为他们工作的画家是个新教徒，他们从法国回来使他高兴到了极点。他愿意比以往做得更好，还获得了为苏州园林工作的艺术家的帮助，他画这个屏风用的是他自己独有的秘密艺术手法，据说，这种手法在他死后就失传了。我做了属于我自己应该做的所有的研究。另外我还知道提供给皇帝的画石是从别的地方来的。从扬子（Yang-tsing）的大手工作坊里出来的只是给那些普通订购者的，不是很细致。如果上帝保佑我，布尔热瓦（Bourgeois）先生会为我做他所能做的一切的。"

我们也会遇到一些奇怪的东西，比如说这种古怪的药：

"两块驴皮胶。用于肺病患者，尤其适用于那些因为人所共知的病而咳出血来的男男女女。每次取1.5或2格罗（gros）③放在热水中，胶就会融化，然后，早上或晚上就喝这

---

① Champeaux, *l. c.*, p.194.

② 译注：Pierre Marchal Cibot, 法国传教士，1780年8月8日出生，卒于北京。

③ 译注：八分之一盎司，法国古代的度量衡单位。

第五章 马丁漆—画册—屏风—其他物品—肖恩（Chaulnes）公爵的书房

个水，最好早晚都喝。发现病开始减轻的时候，可以继续服用而不会有任何的妨害。最老的驴胶也就是最好的。这些都是超过 100 年的。"

在杨德望 1767 年 12 月 29 日从广东写的一封信中，我们看到：

"人们将这种药（驴胶）的功效归于山东省东阿（Tong-nge）城里三口井里的水。我在旅行途中也买过一些，因为从陆路走的话，这个城市正好处在从北京到江西的路上。驴胶是以这个城市的名字来命名的，人们称它为阿胶（Nge-Kiao），Nge 是城市名字的最后一个音节，而 Kiao 就是胶的意思。"①

这种胶还被证明是一种很好的补药，现在我们还从山东的东阿城里购买，名字念作 O-Kiao 或是 A-Kiao。在中国的药典中，包含了蚱蜢的壳、蝎子、晒干的蜥蜴、蜈蚣、鳄鱼和穿山甲的鳞片、蛇皮、老虎的骨头、鹿角、鸟的粪便等，没有什么比这更令人惊奇的了。这实在是部古怪的药典，但是，我们在相近时期的药典可能更为奇怪。

传教士们对时事有一定的了解。他们知道在中国，尤其是在它的西部和西南部有些汉族以外的民族。1775 年，那些最重要的部落中的一个，甚至扩张到了金川一带地形复杂的地区，也就是在四川省（Se-tch'ouan）和贵州省（Kouei-

---

① Champeaux, *l. c.*, p.194.

Tcheou）的交界处。他们分为两个小的部落，即小金川和大金川。每个部落都有自己的首领，当他们感觉到无法生存下去的时候，就会从山上下来，为了获得补给而派士兵去掠夺他人的财产。为了减少这种掠夺，政府委派一个叫阿桂（A-Kouei）的著名将军为皇家军队的首领，他在富德（Fou-té）将军的带领下曾经参加过平定厄鲁特的战争。叛军唯一可以依仗的就是地形上的险峻复杂，他们即使顽强抵抗，在巨大的损失之后还是不得不屈服了。费雷克斯·德·罗夏（P.Félix da Rocha）神父，在冯·阿莱尔斯坦（P.Von Hallerstein）神父之后成为国子监算学馆的负责人。1774年8月20日，他离开北京，去绘制金川地区的地形图。

那么，我们对1777年9月27日德·格拉蒙（P. de Grammont）神父从北京寄出的一个物件也就不会好奇了，那是"一把大约2法尺的短刀，刀柄和刀鞘是用奇怪的红色和蓝色的石头做成的，这件武器是金川地区的人们常用的。正如在北京所鉴别的那样，它的特别之处并不一定在于它是最好的，或者是它那些石头的光彩，而是组成刀刃的不同层次的铁的制备。葡萄牙的传教士德·罗夏神父，被皇帝派到那里去绘制一张新地图，今年回到北京，他向我保证说这件兵器是花了十年才完成的作品。我还想从他那里知道，为了某样作品的完善而花这么长的时间，这样的制备过程会产生什么样的作品，以及金川地区的兵器制造的秘密。他没有给我任何的解释，

第五章　马丁漆—画册—屏风—其他物品—肖恩（Chaulnes）公爵的书房

他也只知道，人们不停地打铁，反复地敲打，直到让它坚硬无比，具有不可弯曲性。"①

在1716年匿名出版的《帕尔纳索斯的旅程》②中，利莫戎·德·圣-蒂斯迪埃（Limojon de Saint-Disdier）在第174页为我们描述了一个收藏家的书房："那是个椭圆形的房间，从上到下都装饰着巨大又令人惊奇的中国漆器，非常漂亮。"

我们从一个大贵族的收藏目录中，也可以看到从中国来的物品的多样性。肖恩公爵是文学艺术事业的热心资助者，他的自然历史、古代文化和中国古玩陈列室占了府邸三楼的好几个房间，就在邦迪（Bondy）大街第45号③：

肖恩公爵最重要的中国物品目录

1. 很多最漂亮、最上乘的男女服饰。

2. 一面橄榄绿色的丝绸的中国旗，镶上了彩色的边和金边。

3. 一艘5法尺长、4.5法尺高的中国小帆船，带有布席做的帆和狭长的小旗等。

4. 中式软垫，6法尺宽，20法尺长。

---

① 法兰西研究院图书馆手稿。

② A.Rotterdam, chez Fritsche & Bohm, libraires, MDCCXVI-MDCCXVII, 2 parties, pet. in-8.

③ Thierry, II, pp.681/3.

5. 一面上了黑色漆的中国盾，直径是18法寸。

6. 一个彩色瓷制的中式观象台，用铜装饰，上面的地球仪也是铜的。

7. 一个中式的珍珠盒子，9法寸长，5.5法寸高，4.5法寸宽。

8. 一个铜制的水盆，上面点缀着10法寸高的山岩，下面是一只鹤，还有不少的小树和两个小孩，一个手里拿着一只母鸡，另一个就做出昬山岩里流水的姿势。

9. 镀金的木料做成的3个喜剧演员，大概5法尺高。

10. 两座塔，体积和第676号盾上的水果核一样大。

11. 瓷制的茶壶，放在红木的盒子里，带有一些削斜的圆圈和白铜的装饰。

12. 一种器具，25法寸高，15法寸宽，包含十个铃铛和一个抽屉，里面有漆成红绿色、金色的玳瑁筷子和象牙筷子。

13. 一把中式刀，30法寸长，铜制的护手上有蓝色的饰带，刀鞘是白色鲨鱼皮做的。

14. 彩色绘画的瓷器作品，1法尺宽，14法寸长，上面画的是鸳鸯。

15. 11法寸长、8法寸宽的茶瓶。

16. 两面中国旗，带有4法尺长的红色棍子。

17. 一束斑蝥的羽翼。

18. 一顶中国妇女的软帽，金丝细工做成，上面镶饰了珍

第五章 马丁漆—画册—屏风—其他物品—肖恩（Chaulnes）公爵的书房

珠和红宝石。

19. 四枚中式针，上面装饰着用颜色最鲜艳的羽毛做成的花。

20. 另外三枚用充金的玻璃丝和劣质红宝石做的针。

21. 一个彩色的象牙制成的中式小灌木丛，放在一个周边装饰着玳瑁的斗形座里面，点缀着三只白色的水鸟。

22. 一束象牙做成的中国水仙，它们的根茎和叶子有不同的尺寸，总的来说，4法寸宽，10法寸高。

23. 坐在双轮轻便马车中的一位中国夫人，还有一个奴仆在赶马车。

24. 两个桃花心木做成的凳子，高15法寸，长、宽13法寸。

25. 一个六边形中国灯笼，是用纸板按照当时流行的式样切割而成的，黄色的薄纱绕在外面，再在上面画上鸳鸯，10法寸高，直径也是10法寸。

26. 细工镶嵌的带柄小暖炉，7法寸高，5法寸宽。

27. 时尚的象牙花瓶，周围带有9个象牙的柄。

28. 八角形的珍珠塔，按照当时流行的式样切割，30法尺高，底座最大的直径是6法寸。

29. 两个六角形的灯笼，用鸡蛋果木做成，外面围绕着的紫色纱印有图案。15法寸高，直径是7法寸。

30. 黑色的老漆做成的支架，用来支撑中国的镜子。

31. 两副扑克牌，36 张的大一点，另一副 60 张的小一点。

32. 一幅木制的中国印象主义画。

33. 一副眼镜。

34. 一个玻璃的笼子，28 法寸长，14 法寸高，0.7 法寸深，里面有一位大叔和一只金母鸡。

35. 一把弯匕首，8 法寸长。

36. 一种中国游戏，鸡蛋果木制成的盘子，镶嵌着象牙，16 法寸长，1 法尺宽，18 法寸深，人们用 15 个黄杨小木柱和 15 个用鸡蛋果木做的小柱子在里面玩。

37. 19 法寸的棋盘，是用纸板做成的，上面覆盖着蓝色的缎子，边上还装饰着鸳鸯。

38. 两个筐，长宽 4 法寸，一个里面有 200 个黑色景泰蓝格子，另一个是 200 个蓝色景泰蓝格子。

39. 用作窗户装饰的贝壳。

40. 一种中国游戏的解释，被传教士们刻成了中文和法文。

41. 一本关于多米诺骨牌的书。

42. 一本关于棋类游戏的书。

43. 一本关于解剖的书，里面有 7 幅插图。

44. 一本关于一种妇女游戏的书，共 5 册。

45. 一张北京地图，3 法寸长，0.5 法寸宽。

46. 一本关于中国漆的书。

47. 分开的几册书，分别论述的是中国的所有游戏。

48. 一个瓷制的衣帽撑子，高 10 法寸，长、宽 6 法寸，它是两件中的一个，另一个可转动是为了易于分散中国帽子上的羽簇。

49. 一个中式环，直径是 3 法寸。

50. 一顶用藤编制的帽子，中心的直径是 6 法寸，那里的图案也是最精细的。最大的直径是 19 法寸，50 法寸高，带有一个上等玳瑁做成的托盘。

51. 一副中国的马鞍辔，带有两个柄，0.5 法尺长，2 法尺宽。

52. 一张竹制的女士用床，5 法尺长，3.5 法尺宽。

第六章 中国的书—伏尔泰（Voltaire）—狄德罗（Diderot）—让－雅克·卢梭（Jean-Jacques Rousseau）—孟德斯鸠（Montesquieu）—爱尔维修（Helvétius）—戏剧—小册子

中国为欧洲所认知也是因为它的书籍。当柏应理神父（P. Philippe Couplet）①1680年在欧洲旅行的时候，重新注意到了郭纳爵（Ignacio da Costa）②翻译的孔子的古典书籍。然而，第一次真正把中国的书带到欧洲来，要多亏白晋神父。1697年他被从北京派回来，以康熙皇帝的名义，赠送给国王49卷中国书，用来回赠路易十四寄过去的精装版画集子。除了得到这些外，国王的图书馆还有出自马扎兰红衣主教收藏

---

① 译注：P. Philippe Couplet，比利时传教士，1659年来华，1693年卒于果阿，著作有《中国哲人孔子》和《中国帝王大事年表》。

② 译注：Ignacio de Costa，葡萄牙传教士，明崇祯七年（1634年）来华，康熙五年（1666年）卒于广东。

第六章　中国的书—伏尔泰（Voltaire）—狄德罗（Diderot）—让-雅克·卢梭（Jean-Jacques Rousseau）—孟德斯鸠（Montesquieu）—爱尔维修（Helvétius）—戏剧—小册子

的四卷中文书。借助于不同的转让赠予，特别是外国传教团的神学院，到 1720 年，国王的图书馆已经拥有超过 1000 卷的中文书。接着，因为 1722 年傅圣泽神父（P. Foucquet）①带回来的藏书和北京传教士的赠送，尤其是巴多明神父（P. Parrenin）②和马若瑟神父（P. de Prémare）③，这个数目飞速增长。1773 年，乾隆皇帝下令印刷出版一套在中国评价最高的丛书，包含了十六万卷。传教士们从北京寄回了这些皇家版本，至今它们还在装饰着我们的国家图书馆。另外，这些传教士坚持不懈地往回寄，一部回忆录接着一部回忆录，他们的手稿是杜赫德（Du Halde）写出著名的丛书《中华帝国通史》的基础，也是《耶稣会士书简集》的基础。④

---

① 译注：Jean François Foucquet，法国传教士，康熙二十九年（1690 年）来华。

② 译注：Dominique Parrenin，法国传教士，康熙二十八年（1689 年）来华，乾隆六年（1741 年）卒于北京。

③ 译注：Joseph Henri de Prémare，法国传教士，康熙三十七年（1698 年）来华，乾隆元年（1736 年）卒于澳门。

④ 译注：杜赫德（Jean Baptiste Du Halde, 1674—1743），著作全称是《中华帝国及中国鞑靼之地理的、历史的、编年的、政治的及自然的论述》（Description geographique, historique, chronologique, politique et phisique de l'empire de la chine et de la tartarie chinoise），这本书是从明末到当时 150 年间的总结。《耶稣会士书简集》（Lettres edifiantes et curieuses ecrites des missions etrangères pour quelques missionnaires de la compagnie de jesus）是卢哥比安（le Gobien）和杜赫德先后主编的，34 卷，是 1702—1776 年在华传教士写往国内的信。

文学就像其他艺术一样很广泛地汲取中国提供的新源泉。伏尔泰就曾读过贡萨雷·德·芒多扎（Gonçalet de Mendoza）、埃南（Henning）、吕伊斯·德·居兹芒（Luis de Guzman）、瑟梅多（Semedo）、高比耶（Gaobil）的作品，还有巴多明神父的信，尤其是杜赫德的《中华帝国通史》。他借助其中的论据来捍卫中国的古代文化。他引用下面的四句诗，以此来证明自己对孔子的崇拜，那是镌刻在一幅画上的，悬挂在他所认识的一位哲学家书房里：

> 他谦虚地探索，
> 让人不要迷失在世界中，让精神被理性之光照亮，
> 他只用智者的身份说话，而不是站在先知的角度，
> 然而我们相信他，在他自己的国家也是这样的。

中国的悲剧《赵氏孤儿》是马若瑟神父翻译的，被杜赫德收录在他的作品《中华帝国通史》中，伏尔泰看到以后受到启发，完成了他自己的五幕悲剧《中国孤儿》，这点他自己在给黎塞留公爵的献诗中也提到了。1753年8月，伏尔泰对达尔让塔尔（d'Argental）说他正在写一部充满了爱的悲剧，1755年8月20日，他所谓的"丑陋古怪的人们"第一次展示在世人面前。伏尔泰的人物，其中一个叫成吉思汗（Gendis-

第六章　中国的书—伏尔泰（Voltaire）—狄德罗（Diderot）—让-雅克·卢梭（Jean-Jacques Rousseau）—孟德斯鸠（Montesquieu）—爱尔维修（Helvétius）—戏剧—小册子

Kan）的是他自己的发明，这个人有悲剧性，他爱着一个叫伊达梅（Idamé）的人，而后者却嫁给了一个叫康蒂（Kamti）的人。康蒂这个人物注定了要让乔治·当丹（Georges Dandin）来演。这出《中国孤儿》值得提及，我认为是因为在法国，它是第一部主题借自远东的作品。勒坎（Lekain）饰演成吉思汗，克莱龙（Clairon）小姐演的是伊达梅，这可能有助于这部水平一般的戏剧获得成功。

伏尔泰在他的《哲学词典》中，是这样注释"中国"的："在欧洲我们没有一个国家的古老文化可以被证明是和中华帝国相媲美的。"

"我们去中国寻找瓷土，就好像我们自己一点都没有一样；我们去那里找丝绸，就好像我们缺少似的；我们还去找一种浸泡在水中的小草药，就好像在我们自己的气候环境里就没有任何的药草一样。作为报酬，我们要改变中国人的宗教，这是一种值得称赞的虔诚，但是不应该对他们的古代文明提出异议，进而说那儿的人都是狂热崇拜偶像的。"

伏尔泰在当时的环境下表现得像个真正的预言者，也就是说在世界总体政治观念方面要领先于古老的欧洲一个多世纪。老实说，在数个世纪里，我们对于宇宙的概念，并不是与中国的看法相差很远。欧洲忘记了它自己只是这个世界的一部分，它不知道或者轻视了与相邻大陆互相吸收的必要。

当它不得不重视一个美国人（美洲人），或者必须考虑门罗（Monroë）主义①时，它表现出一种令人不悦的惊讶，这种学说竟不允许它任意地在与"新世界"相契合的土地上建立霸权。东亚的人民，它以前为了强迫他们接受自己的法令和鸦片，习惯于定期地去纠缠他们。但是，它猛然意识到这些人成为今后自己要重点考虑的对象。不管愿意不愿意，用不知所措来形容当时的外交就很贴切，它被迫看到不只有一种欧洲政治，还有一个包容了整个世界的政治。每个民族，亚洲的、美洲的，和欧洲的一样，都有他们自身的愿望。触及其中一个的利益，也就是触及了邻邦的利益，就会引起很多其他民族利益的反应。这种政治可以被解释为"己所不欲，勿施于人"。这些观点，虽然有一些是具有敏锐洞察力的意见，但是，直到1895年和1904年的战争之后才开始受到重视。

狄德罗认为，"孔子的道德要比他的文学与物理学强得多"是完全正确的。狄德罗在他的《驳爱尔维修名为〈人〉的作品》中，甚至提出了"征服"中国的问题："据说，人们从来就没有自问过，为什么在对这个帝国的入侵中，中国人

---

① 译注：1823年12月2日，为抵制欧洲数国插手拉丁美洲事务，美国总统詹姆斯·门罗在致国会咨文中宣称：美国不干涉欧洲事务和任何欧洲国家在美洲的殖民地，但任何欧洲国家也不能干涉美洲事务和在美洲进行新的殖民扩张，否则就是对美国不友好的表现。其口号是："美洲是美洲人的美洲。"

第六章　中国的书—伏尔泰（Voltaire）—狄德罗（Diderot）—让－雅克·卢梭（Jean-Jacques Rousseau）—孟德斯鸠（Montesquieu）—爱尔维修（Helvétius）—戏剧—小册子

还能保存有他们的规矩和道德。这是因为，只不过是一小撮人试图要'征服'中国，但是，他们却需要数百万人实施改变。六万人分布在这个地区，他们会是什么样的状况呢？他们被分散在六千万民众当中，一千个人对一百万人，难道我们认为数千人就有能力去改变数百万人的法制、道德、风俗吗？'征服'者反倒要去适应被'征服'者，人数控制了一切，这就好像潺潺的小溪流消失在一片汪洋之中，一滴水掉进了一桶醇酒里。我只知道企图动摇一个民族的政体和法制的'征服'者是偏狭的。没有哪个新的宗教在被某个民族接纳时，不引起立法和风俗上的大革命的。"

让－雅克·卢梭正是在中国那里寻找《关于这个问题的论文：科学和艺术的机构对净化风俗是否有益》（或《论科学与艺术》）的最主要的论据。他写道："为什么要在遥远的过去寻找事实的证明？我们眼前就有它充分的证据。在亚洲，有一个广袤的地区，那里，文章得到的荣誉就足以使文人们走上国家最高的官位。如果科学能够净化人的心灵，如果它可以教化人民为了祖国去洒热血，如果它能鼓舞信心，那么，中国人必定是聪明、自由和顽强的。然而，如果大臣们的智慧、法律所谓的适度或者是大帝国众多的民众都不足以使这个国家免受鞑靼人的桎梏，那么文人学士又有什么用呢？给他们的赞誉和封赏又会有什么结果呢？"

在《新爱洛依丝》中，卢梭又加了充满偏见的几笔：

"几个世纪以来,遭受了那么多次的征战和攻击,它总是在为新一次灾难的到来而受折磨。文人、懦夫、伪君子和江湖骗子,整天说个不停,但都是没有用的空谈,他们富有思想却没有一点才能,虚有其表,在见解方面匮乏得很。他们有礼貌、会恭维、机智、狡猾,把所有应尽的义务挂在口头上,对所有的道德都装腔作势,不知道其他的人性,他们所谓的人情交往只不过是行屈膝礼。"就像这个日内瓦的哲学家不总是和自己一致一样,在《政治经济学的论文》中,他又给中国的政体和司法给予了最高的赞美:

"在中国,当官员和人民起冲突争吵的时候,皇帝总是把过错怪罪到他的官员身上。如果某个省的粮食太贵了,当地的总督就会被关进监狱。如果发生了骚乱,那么当地的官员就会被革职。每个官员必须向他的上司如实汇报发生在他辖区的所有的不好事情和损失。人们只能在合法的诉讼中才能重新检查这些处分,但是,判决是一个漫长的过程。很少能有不公正被纠正,而皇帝也坚信,公愤不会无缘无故地起来,通过他处罚的叛乱中的叫喊声,皇帝经常去分辨那些他需要纠正的真正的申冤诉苦。"

就像我们所想象的那样,孟德斯鸠的阅读面是很广的,他不仅知道杜赫德的《中华帝国通史》,还了解插在这本伟大著作中的中国古典书籍的翻译本,还有《耶稣会士书简集》《语言杂志》等,也和俄罗斯在北京的使者有来往。《论法的

第六章　中国的书—伏尔泰（Voltaire）—狄德罗（Diderot）—让－雅克·卢梭（Jean-Jacques Rousseau）—孟德斯鸠（Montesquieu）—爱尔维修（Helvétius）—戏剧—小册子

精神》中的很多章节是关于中国的，孟德斯鸠不是一个单纯的赞赏者，也不是一个抱有成见的诽谤者，他依据传教士有益的意见，来反对商人和洛德·昂松（Lord Anson）那样的船员提供的信息。他赞赏农耕庆典，也有足够的智慧不让自己在关于中国人的"残暴"上落到他人司空见惯的想法上去，要知道法国是一个面无表情地对待令人难以置信的达米安[①]（Damiens）酷刑的国家。尽管如此，如果孟德斯鸠的判断是审慎而冷静的，那么他还是不了解其他的一些情况，我可以证明这一点，比如说他这么写的时候[②]："他们不稳定的生活使他们拥有一种出奇的活力，以及一种对赢利的极度渴望，以至于世界上没有一个经商的民族可以信赖他们。这种公认的不诚信使他们维持了和日本的贸易，这是因为虽然欧洲商人从中国北部沿海诸省同日本进行贸易是很方便的，但是没有一个欧洲商人敢于以中国人的名义与日本人交易。"我的经验却是与此有很大的出入，相反，中国商人是非常有诚信的。

---

① 译注：1757年3月2日，达米安（Damiens）因谋刺国王而被判处"在巴黎教堂大门前公开认罪"，他"乘坐囚车，身穿囚衣，手持两磅重的蜡烛"，"被送到格列夫广场。那里将搭起行刑台，用烧红的铁钳撕开他的胸膛和四肢上的肉，用硫黄烧焦他持着弑君凶器的右手，再将熔化的铅汁、沸滚的松香、蜡和硫黄浇入撕裂的伤口，然后四马分肢，最后焚尸扬灰。1757年4月1日的《阿姆斯特丹报》描述道："最后，他被肢解为四部分。这道刑罚费了很长时间，因为役马不习惯硬拽，于是改用6匹马来代替4匹马。但仍然不成功，于是鞭打役马，以便拉断他的大腿、撕裂筋肉、扯断关节……"

② Esprit des Lois, liv. XIX, chap. X.

爱尔维修自然也对中国作了一些影射，但是《论智力》的作者并没有以此为主题来写作，而只是写了很多比我们设想的要无趣得多的评注，总之，是一些没有价值的东西。

在雷尼亚（Regnard）之后，勒萨日（Lesage）和多尔纳瓦（d'Orneval）使中国在集市的露天舞台上得以登台展示。1723年2月，内斯蒂埃（Restier）先生的演出团体在圣－热尔曼的集市上，表演了《丑角、宝塔和医生》，这是一出"两幕独白的中国戏剧"。这个戏剧表现了"中国皇宫的装饰"，主要人物是：中国皇帝，他的女儿——公主，喜欢公主的仆人，阁老（Colao）（中国官名），中国大臣，日本王子，他的丑角侍从等。在这出戏结束的时候，很有教养的公主和王子拥抱在一起了，根据传统，他们跪在皇帝的脚下，皇帝用夹杂着中法文的滑稽对白，对他们说："宽恕吧，你们起来吧，大家尽情地乐吧，尽情地跳起来吧。"在人们的跳舞狂欢中，这出戏就结束了。这出戏尚未出版[①]，1729年，同样是这几个作家在圣－洛朗集市上演出了《中国公主》三幕戏剧，它是印刷出版的《集市戏剧》[②]汇编的一部分。这些场景发生"在中国的首都北京"，在里面我们可以找到亚洲各个不同地区的人物所构成的"大杂烩"：中国皇帝，他的女儿迪阿芒蒂恩（Diamantine）公主，巴斯塔（Basta）的王子，维萨普

---

① 国家图书馆，Mss.9314和25471。

② VII, Paris, 1731.

第六章 中国的书—伏尔泰(Voltaire)—狄德罗(Diderot)—让-雅克·卢梭(Jean-Jacques Rousseau)—孟德斯鸠(Montesquieu)—爱尔维修(Helvétius)—戏剧—小册子

尔(Visapour)国王的儿子努勒丹(Noureddin)王子,大阁老,跳舞的指挥者丑角,斯卡拉姆齐(Scaralouche)^①等。不可避免的是,戏剧受到了传教士文学作品影响。另外,我们需要指出的是,在中国,阁老这样的官员今天被称为"中堂"(Tchong t'ang 大秘书)。

以下是几出表现中国人的戏的名字:

——《中国人》,五幕喜剧,作者是雷尼亚和某个姓名不详的先生,1692年12月13日,第一次由意大利皇家喜剧演员在勃艮第大厦演出。^②

(舞台布景:建筑的正立面;主要人物:丑角,猎人,上校,医生,中国人,法国喜剧演员。国家图书馆,YF.5758。)

——《中国人》,独幕喜剧,诗剧,小咏叹调,是对中国的滑稽模仿。作者是内热翁(Naigeon)先生,1756年3月18日由意大利皇家普通喜剧演员第一次演出。

(价格是24个苏^③,巴黎,1756年,国王特许印刷,8开本,31页,国家图书馆,Yth.3326。)

——《回来的中国人》,抒情诗剧,1753年在巴黎的歌剧院表演。

---

① 译注:古代意大利戏剧中穿黑衣服、留长唇髭的丑角的名字。

② Pages 211-278 du T. IV *de Le Théâtre italien de Gherardi... À Paris*, MDCC, petit in-8.

③ 译注:古代法国辅币的名称,相当于1/20法国磅,也就是相当于现在的1/20法郎,即5生丁。

(价格是12个苏,巴黎,1753年。国王特许印刷,8开本,19页,国家图书馆,Yth.3330。)

——《在法国的斯文中国人》,是对《回来的中国人》的滑稽模仿,有意大利插曲。独幕。1754年7月20日,星期六,第一次在圣-洛朗集市剧院演出。

(带有音乐,价格是24个苏。巴黎,1754年,国王特许印刷,8开本,48页,国家图书馆,Yth.3331。)

在哲学家之后,报社记者、剧作家、短篇小说作家和长篇小说作家们开始占据中国题材,但是他们除了借用名字之外并没有真正地深入。我们所知的有:1745年,《在欧洲的中国间谍》,2卷,8开本,它的作者是维克多·德·拉卡萨涅(Victor de la Cassagne),也就是我们所熟知的杜布尔(Dubourg),在法兰克福被皇家警察诱捕,关在圣-米歇尔山上的一个铁笼子里面。1746年8月27日,在被囚禁了一年零四天之后,他在那里死于贫困和抑郁。1765年、1768年和1774年,《为了观察欧洲的状况而来的中国间谍或北京宫廷的特派使者(译自中文)》,作者是昂热·古达尔(Ange Goudar),6卷,12开本。1739年到1746年,《中国文学》被敬献给J.-B.德·布瓦耶·阿尔让(de Boyer d'Argens)侯爵,也就是弗雷德里克二世,之后,《中国、印度和鞑靼文学》又被呈献给波(Pauw)先生(伦敦,1776年,8开本)。中间人是一个本笃会修士,这个人只能是伏尔泰。这让人想

第六章 中国的书—伏尔泰（Voltaire）—狄德罗（Diderot）—让-雅克·卢梭（Jean-Jacques Rousseau）—孟德斯鸠（Montesquieu）—爱尔维修（Helvétius）—戏剧—小册子

起安托万·佩克凯（Antoine Pecquet）的《北京宫廷历史的秘密趣闻》（1746年，2卷，12开本）。《中国的和谐，或一个中国文人关于教育的书信，包含中国教育和欧洲教育的比较》，小克雷比永① 在他1734年出版的名为《唐泽和内阿达尔内：日本故事》的讽刺小说中批评了红衣主教、教皇谕旨和梅恩公爵夫人，而他又将这些批评假借给了一个中国读者。

在《杜奥塞夫人的回忆录》中，第77—81页插入了一个以"日本故事"的形式出现的讽刺作品，是写给国王和贵夫人等的，大概是嘲弄了蒙太居的骑士们的苦修："我们崇敬的法拉姬（Faraki）神，也就是被称为造物主的神灵，是它创造了一切我们能够看到的大地、星辰、太阳等。它也赐予人类种种感觉，它们也是种种快乐的源泉，我们坚信辨别这些恩惠的唯一方式是要去使用他们。"它的崇敬者们受恩于这位造物主的所有的快乐中最主要的一个是带来了爱。蓬帕杜夫人的女仆补充道："我们怀疑德·黎塞留（de Richelieu）元帅已经让人根据他自己的某些爱好修改了这个故事。皇帝感到非常气愤，他下令警察总监查找作者，但是，这做不到，或者说没有人会泄露秘密的。"

---

① 小克雷比永（Claude-Prosper Jolyot de Crébillon，1707—1777），法国小说家，父亲为剧作家。1734年发表的这部长篇小说正标题是《漏勺》，因影射讽刺僧侣，被拘禁数日。1736—1738年发表长篇小说《心灵歧路》，被誉为洛可可式小说的代表作。之后，作品屡屡遭禁，1759年却被任命为王家审查官。作品勇于揭露上流社会的虚伪和淫逸生活。

我们还要提及的是：

——《格里戈里》(Grigri)，一个真实的故事，由迪达克·哈德克族卡（Didaque Hadeczuca）从日语翻译成葡萄牙语。他曾被修道院长从葡萄牙派往法国，也曾经是一艘荷兰军舰上的指导神父。第一部分，最后一个版本不如前面的几个版本正确。12开本，第二部分是221页。

——《玛-加库》(Ma-Gakou)，日本故事，由作家D.R.D.S翻译。果阿（Goa）（印度），1752年，12开本，160页。

——《看法或中国人》，孟非士（Memphis）（埃及），是从埃及文翻译过来的散文。第一部分，伦敦，马克-米歇尔·莱（Marc-Michel-rey）出版社。1763年，8开本，四章，176页，第二部分是263页。

——《一个中国人对巴黎的评论》，是J.N.M.热利诺·德·圣-佩拉维（J.N.M.Guérineau de Péravi）模仿伏尔泰的作品。

第七章　在法国的中国人：沈福宗（Chin Fo-Tsoung）—黄嘉略（Arcade Hoang）—胡若望（Jean Hou）—高（Ko）（类思）和杨（Yang）（德望）

对于越过大洋来到我们这里的那少数的几个中国人，我们不能不提。即使不说是他们给我们带来了新的知识，那么他们至少也向我们展现了他们民族的鲜活的样本。

沈福宗[①]，南京人，受洗的名字是米歇尔，是柏应理神父将他从中国带来的。当他经过牛津的时候，神父把他介绍给了著名的东方学家和博德雷伊埃纳（Bodléienne）图书馆的主任管理员托马斯·海德（Thomas Hyde），并且为这个博学的人撰写了一些非常有意思的论述，提供了很多不同的材料。

---

① 译注：1680年，柏应理回罗马时把他带走，1694年回国。

这个沈福宗看起来是有历史记载的最早来欧洲的中国文人①。

1703年,四川的教廷代表,也就是罗萨利(Roslie)的主教,梁弘任(Artus de Lyonne)被派往罗马,去参加关于里特(Rites)提问的著名辩论。他从中国福建带来一个基督教徒,叫作黄嘉略,1679年11月15日出生在安徽。梁弘任是因为身体健康情况不好才返回欧洲的,他后来又从罗马到了巴黎,在国外传教团神学院里度过了生命的最后几年。黄陪伴着他,适应了巴黎的生活,最后还在那里结了婚。他看起来在那个时代的博学者周围扮演了和沈在海德身边同样的角色,激发了他们对中国语言的兴趣,进而有了学习它的愿望。受雇于皇家图书馆后,黄受蓬-夏尔特兰(Pont-Chartrain)的委托,编写一部汉语词典。1716年10月1日,他过早地离开了人世,只留下一些价值一般的材料和一些中国书籍。

在近1721年年末的时候,傅圣泽神父要离开中国了,他需要一个中国文人陪他回去,并且帮助他解释翻译自己带回去的4000卷中国书。他接受了一个叫胡若望的人的帮助,他是一个新教徒,以修士的身份在广东的普罗帕冈德(Propagande)教堂学习了三个月,懂一点写作。到达法国的

---

① 译注:一般认为,最早赴欧洲留学的中国人是郑玛诺,又名维信,西文名为Emmanuel de Sequeira。1650年,意大利传教士卫匡国(Martin Martini)回欧洲时,带上了当时年仅15岁的中国教徒郑玛诺,到欧洲以后,郑入罗马公学学习,1671年他与闵明我等传教士一起回到北京,1673年逝世。

第七章 在法国的中国人：沈福宗（Chin Fo-Tsoung）—黄嘉略（Arcade Hoang）—胡若望（Jean Hou）—高（Ko）（类思）和杨（Yang）（德望）

时候，这个中国人就病倒了，之后就疯了，拒绝去罗马。总而言之，在1723年年末的时候，神圣宗教协会颁布了一个法令，认为：这个中国人将会用他自己的费用来供养自己，在他身体条件适合旅行的时候，我们将会派一个在巴黎的教廷大使把他遣送回国。① 傅圣泽神父之后离开到罗马去，是因为被任命去当厄鲁特-罗波利（Eleuthe-ropolis）异教地区的天主教主教，这次任命是受到了圣-西蒙（Saint-Simon）公爵的朋友加尔泰里奥（Gualterio）红衣主教的影响。

高（类思）和杨（德望）是两个年轻的中国人，他们被耶稣会士派到欧洲来完成他们的教育。当他们将要返回远东的时候，法国著名的经济学家和财政大臣杜尔阁②，向他们询问了关于中国的52个问题③，涉及资源、土地的分布、文化、艺术（造纸术、印刷术、丝织）、自然历史以及几点关于历史的问题（在中国的犹太人，苗族），希望他们回国以后能够帮助解决。为了便于高和杨两个人可以回答这些问题，这位著

---

① 在《远东杂志》中，我讲述了关于这个中国人的有趣的故事。
② 译注：杜尔阁（1727—1781），著名的重农主义经济学者，曾经担任路易十六的财政大臣，废除国内关卡，实行粮食自由买卖，减轻赋税，因触犯了贵族和僧侣的特权，被解职。
③ 译注：比如，中国是否有很多富人，换言之，中国是否贫富不均？中国某些地方是否还有农奴耕种土地？中国的封地买卖很普遍吗？借贷的一般利息是多少，5%或更高更低，3%或4%，6%，10%，15%？每人每年消费多少大米？等等。

名的经济学家写下了代表作《论财富的形成和分配》，1766年 11 月出版。它所包含的一百个段落中，一个很好的鉴定者称它"是关于资本、货币和竞争的，对于它所处的时代来说是最精确也是最新的一些理论。当《道德情操论》的作者亚当·斯密（Adam Smith）在九年之后，写作他的《国富论》的时候，这些影响势在必然地，也是很快地出现在他的精神当中"①。

  这两个中国人的籍贯是北京，他们的父母都是基督教徒，在结束汉语的学习并在北京的耶稣会会所居住了三年之后，"他们想要去欧洲看看基督的荣光。他们相信宗教在任何一个民族都比不上在法国那样可以开花结果、枝繁叶茂，这是事实。他们决定要去那里。"1751 年 7 月 7 日，两个人离开北京。我已经讲述过这次旅程的波折以及这两个年轻人在法国逗留时期的情况。1766 年 1 月，他们返回自己的首都，并且得到了法国国王每年 1200 法磅的资助。

  也有其他的一些中国人在大革命之后访问过法国，但是，我在这里没有提及，因为他们的社会地位不能使他们提供更为确切或者说是更为有用的信息。对于从那些来到我们国家的中国本地人那里得到的信息，有的时候会使我们产生很大的错觉。在 1876 年《烟台条约》签订之后，中国常驻公使团

---

① Léon Say. — *Turgot*, Paris, 1887, p.45.

第七章　在法国的中国人：沈福宗（Chin Fo-Tsoung）—黄嘉略（Arcade Hoang）— 胡若望（Jean Hou）—高（Ko）（类思）和杨（Yang）（德望）

在欧洲设立之前，很少有杰出的中国人士到访欧洲。分散在我们这个"野蛮国家"的中国人是一些外国人的侍应、逃离所属船只的厨师，或者至多是广东的商人，这些人有的时候很有诚信，但是，他们始终没有给出有关自己民族的可靠信息，而我们自己的同胞如果处在相同的位置上就不会做出这样的事情。那些爱在马路上闲逛的人很容易满足，他们一点都不清楚如何辨别一个中国文人和一个中国马夫，也很乐意去接受那些向他们散播的废话。异国的东西就这样很容易地"侵占"了我们的国家。我就听说过一个领事的老用人在很多专心听讲的公众面前描述中国妇女的情况，然而他离开自己的国家已经14年了，他在一个地处偏远的传教会里只接受了一些粗浅的教育，而且是在这个帝国的西部！

我试图在几页纸上描述一种迷恋，而不是在18世纪的法国匆匆而过的一种异国情调。这些突然爆发的热情在我们的国家经常出现。总的来说，必须要避免这样一种看法，即那些被埋没在东亚手工场成堆的产品中的真正有价值的稀有的物品就足以给我们有关中国艺术的确切的概念。一定是数次战争和两次掠夺行动使得亚洲人对于欧洲文明有一种悲观的看法。大英博物馆拥有公元4世纪中国艺术家顾恺之（Kou K'ai-tche）的一幅作品，是一件稀世珍品。作为我们来讲，在卢浮宫里也珍藏着佩里奥（Pelliot）先生带回来的绘画作品，是中国宋朝时期（公元960—1279年）的作品，在艺术编年史上和文学史上同样都是很有名的。

为了完善我们在艺术领域的资料，我们的旅行者和考古学家让我们认识了那些公元5世纪到8世纪完成的非凡的石雕作品，我们把那些看作是魏朝和唐朝的皇帝赠送给我们的礼物。

还有待于写一部中国艺术史。

附 录

法国大革命和帝国时期的汉学研究

亨利·考狄[①]

房子乔 译

十八世纪的法国汉学家以弗雷烈（Nicolas Fréret, 1688—1749）、艾蒂安·傅尔蒙（Etienne Fourmont, 1683—1745）及其两名弟子德经（Joseph De Guignes, 1721—1800）

---

① 本文为《汉学研究史》的新增章目，该书已收录的文章如下：
——《论十七、十八世纪西人在中国的出版书目》(*Essai d'une Bibliographie des ouvrages publiés en Chine par les Européens au XVII*^{e} *et au XVIII*^{e} *siecles*)，亨利·考狄，巴黎，拉鲁斯出版社，1882年，第52页。

摘自《东方杂纂》(*Mélange orientaux*)，该书系法国东方现代语言学院教师在莱登举办的第六届国际东方学者大会上发布的文章、译文合集。

奥波德·德里斯勒（Leopold Delisle）评述"该作实为中国藏书的珍贵目录"。

——《十七、十八世纪西人在华所刻中文书目录》(*L'Imprimerie Sino-Européenne en Chine-Bibliographie des ouvrages publiés en Chine par les Européens au XVII*^{e} *et au XVIII*^{e} *siècles*)，亨利·考狄，巴黎，法国国家印刷局，1901年，第73页。

——《杜赫德和唐维尔（中国地图）》(*Du Halde et d'Anville* 〔*Cartes de la Chine*〕)，摘自《东方论文集》(*Recueil de Mémoires orientaux*)，由法国国立东方语言学院教师翻译，1905年，第389—400页）。

和戴索特莱（Michel-Ange-Andre Le Roux Deshauterayes，1724—1795）为代表，他们的汉学研究无一例外以北京传教士的文献为基础。我曾直言不讳地如此评述傅尔蒙："从小在教会学校长大，器小易盈，妄自尊大，资质平平，委重投艰反而让他的缺点暴露无遗。极尽谄媚之能事，堪称又一个安汀公爵①。他生性善妒，为达目的无所不用其极。为一己私欲剽窃万济国（Fracisco Varo，1627—1687），雪藏或贬损马若瑟（Joseph de Prémare，1666—1736）的《汉语札记》（*Notitia Linguae Sinicae*），远非君子所为：是为傅尔蒙。"

奇怪的是，傅尔蒙师徒三人身为法兰西学院教授，却从未开设过汉语课程。法兰西学院汉学教席的设立已是后话了。

——《傅尔蒙时代之前的欧洲汉学史资料》（*Notes pour servir à l'histoire des études chinoises en Europe, jusqu'à l'époque de Fourmont l'ainé*），亨利·考狄，1886年。

摘自《新东方杂纂》（*Nouveaux Mélanges Orientaux*），该书系法国东方现代语言学院教师于1886年9月在维也纳举办的第七届国际东学者大会上发布的论文、文章、译文合集。

——《十八世纪汉学研究史简章》（*Fragments d'une Histoire des Etudes chinoises au XVIIIe siecle*），亨利·考狄，法国东方现代语言学院教师。摘自《东方现代语言学院百年纪念》（*Centenaire de l'Ecole des langues orientales vivantes*），巴黎，法国国家印刷局，1895年，第75页。

——《丹麦汉学爱好者穆里尔》（*Mourier, amateur-sinologue Danois*），亨利·考狄，法国东方现代语言学院教师。摘自《沙赫莱·德·阿赫莱兹文集》（*Mélanges Charles de Harlez*），莱敦，布里尔出版社，第239—250页。

① 安汀公爵（Louis-Antoine de Pardaillan de Gondrin, Duc d'Antin, 1665年—1736年），深谙博取悦纳之道。

"1715年，加朗先生（Antoine Galland，1646—1715）与世长辞。经比尼翁先生（Abbé Bignon，1662—1743）和莫尔帕伯爵（Jean-Frédéric Phélypeaux, comte de Maurepas，1701—1781）引荐，路易十四陛下博采众议，任命我继任皇家学院的阿拉伯语教席。"① 傅尔蒙如是说。

阿尔弗雷德·莫瑞（Alfred Maury，1817—1892）曾写过一本关于法兰西文学院的著作（巴黎，1864年），在这本书的第252页，我们看到这样一段话："接任加朗阿拉伯语教席一职的傅尔蒙充其量只懂得阿拉伯语的一点皮毛。在他去世后，该教职不得不付托给瑞典学者让·奥托（1707—1748）。"

1703年，福建籍天主教徒黄嘉略（Acrade Hoang，1679—1716）跟随四川宗座代牧，即罗萨列主教梁弘仁（Artus de Lionne，1655—1713）远渡欧洲，后在法国皇家图书馆任职，奉王室总管蓬夏特兰（Pontchartrain，1643—1727）之命编纂一部汉语词典。1716年10月1日，年仅36岁的黄嘉略黯然离世，身后仅留下一些寂寂无名的遗稿。傅尔蒙与黄嘉略的合作始于1711年，他奉命指导黄嘉略编书，向皇家艺术总监比尼翁教士（Jean Paul Bignon，1662—1743）汇报工作。黄氏故去后，傅尔蒙将其书稿占为己有，并奉国

---

① 《傅尔蒙先生著作目录》（*Catalogue des ouvrages de Monsieur Fourmont l'aîné*），傅尔蒙，法兰西皇家学院阿拉伯语教授、法兰西皇家法兰西文学院院士、译者、皇家图书馆副馆长，阿姆斯特丹，1731年，第76页。

王之命继续编纂《汉语词典》①。我曾言及傅尔蒙的《中国官话》(Grammatica Duplex) 暗中剽袭万济国的《华语官话语法》(Arte de la lengua Mandarina, 广州, 1703 年) 和皇家图书馆典藏的《中文书籍目录》(Catalogue des Livres chinois de la Bibliotheque du Roi, 1742 年) ②),此处不再赘述,仅探讨这部汉语词典。傅尔蒙在其《著作目录》中自称"从1716年起遵陛下旨意,在比尼翁监管下编纂汉文著作",然这些书目无不彰显出此人徒负虚名。

偏偏傅尔蒙惯作谦谦君子：

> 这些鸿篇巨著让我罹患重病,眼部感染,甚至可能因此双目失明。而最让我呕心沥血也最所费不赀的无疑是每两年一次的汉字刻印：这几乎让我心力交瘁。③

这些字模用于日后汉语字典的排版。从黄嘉略和傅尔蒙再到十九世纪初的小德经(Chrétien Louis Joseph de Guignes, 1759—1845,汉学家德经之子),这一时期的汉学研究无不致力于汉语词典的编纂。

---

① 《十八世纪汉学研究史简章》(Fragments d'une Histoire des Etudes chinoises au XVIIIe siècle),亨利·考狄,1895年,第15—16页。

② 《十八世纪汉学研究史简章》(Fragments d'une Histoire des Etudes chinoises au XVIIIe siècle),亨利·考狄,1895年,第15—16页。

③ 傅尔蒙信函,摘自《傅尔蒙先生著作目录》前言。

1720 年，汉字版刻在傅尔蒙的指导下展开，他说："我首先得找一位才思敏捷的绘图师和几位擅长汉字镌刻的制模师，才能开始这项持久艰深的工作。我们找到了画家戈蒂埃先生，让他放下手中的一切事务负责绘字，事实上他绘制的繁复汉字比中国的能工巧匠还要更胜一筹。"

"起初我有六位制模师：瑞士的雷萨克先生，巴黎印刷人员尚博诺先生（他后来在图阿尔开了一家书店），布朗登先生，勒·瓦萨先生，特希尔先生，以及雕刻师兼制模师圣·卢普先生。前三位已亡故，剩余三位依然饱含赤忱之心投身于这部旷世之作。其功绩理应称颂，更值得政策嘉奖。此外，我们独辟蹊径，用黄杨木雕刻汉字模具，每个字的印模上都有制模师的名字、汉字的号码、声标、发音及其在字典里的位置。"①

根据小德经的说法，1742 年已刻录十二万汉字字模。也正是在这一年，傅尔蒙的《中国文典》（Grammatica Sinica，又作《双解语法书》或《双向语法》）付梓。傅尔蒙于 1745 年 12 月 18 日离世，他的弟弟米歇尔（Michel Fourmont，1690—1746）继他之后进入皇家图书馆担任译员。"比尼翁神父感其虔敬，奉圣谕任命米歇尔为皇家图书馆的汉语和印度语译员，跟他的长兄一样入职皇家图书馆，毕竟他对傅尔蒙

---

① 《十八世纪汉学研究史简章》（Fragments d'une Histoire des Etudes chinoises au XVIIIe siècle），亨利·考狄，1895 年，第 71—72 页。

的汉语语法编写亦有贡献。"① 傅尔蒙身后留下两名弟子，一位是他的侄子戴索特莱，另一位就是他的得意门生德经，然德氏未曾参与其汉语字典的编纂工作。

"1742 年，傅尔蒙《中国文典》成书后，携同弟子戴索特莱和德经共谒陛下，上承德音，两位弟子被路易大帝学校的语言学院录取，同时获准可继续留在傅尔蒙寓所，直至傅尔蒙 1745 年 12 月 18 日去世。其后戴德二人作为翻译人员加入了皇家图书馆。傅尔蒙在 1740 年 8 月 15 日曾立下一份遗嘱，将自己的手稿留给两位爱徒，但希望弟子过世后其手稿能收入皇家图书馆。戴德二人秉承师愿，傅尔蒙去世后他们仍住在一起，在皇家图书馆致力于傅尔蒙的手稿研究，直到 1752 年将一切安置妥当后，各奔前程。"②

德经 1721 年 10 月 19 日出生于蓬图瓦兹，1757 年继乔特（Augustin François Jault, 1700—1757）之后成为法兰西皇家学院的古叙利亚语教授，1800 年 3 月 19 日在巴黎逝世。德经与在华传教的宋君荣（Antoine Gaubil, 1689—1759）一直保

---

① 米歇尔·傅尔蒙，艾蒂安·傅尔蒙幼弟，1690 年 9 月 28 日出生于埃尔布莱。1720 年，他接任尼古拉·亨里昂（Nicolas Henrion）成为法兰西学院的古叙利亚语教授。米歇尔于 1746 年 2 月 4 日至 5 日夜间死于中风，其职位由奥古斯汀·弗朗索瓦·乔特（Augustin Francois Jault）继任，后者在 1757 年 5 月 25 日去世后，德经于 1757 年 12 月 15 日接替该教职。

② 克劳德·皮埃尔·古热（Claude Pierre Goujet, 1697—1767），《法兰西学院》(Collège de France)，第三章，第 125—126 页。

持书信往来，后者传教之余还将《书经》译成了法文。颇具批判精神的德经试图论证中国原先为埃及殖民地，展现了他天马行空的想象力。德经发表的几篇阿拉伯语著作大有见地，他唯一一部跟中国有关的作品为《匈奴、土耳其、蒙古和其他鞑靼诸国通史》（*Histoire générale des Huns, des Mongoles, des Turcs et des autres Tartares occidentaux*），虽难免谬误，却名重一时。

戴索特莱（Michel Ange Andre Le Roux Deshauterayes）1724年9月10日出生于蓬图瓦兹附近的孔夫朗-圣奥诺里讷，他的父亲安托万·勒鲁（Antoine Le Roux）是蓬图瓦兹本地人，母亲凯瑟琳·傅尔蒙（Catherine Fourmont）是傅尔蒙兄弟的妹妹。戴索特莱从小跟随舅舅艾蒂安·傅尔蒙学习汉语和阿拉伯语。1751年，法兰西学院原阿拉伯语教授德拉克罗瓦（Alexendre-Louis-Marie Pétis de la Croix，1698—1751）去世，戴索特莱翌年继任，此后教授阿拉伯语三十余年，直到1784年辞职归里，1795年2月9日在吕埃与世长辞①。

---

① 在古热神父引述的戴索特莱的多部著作中，我们列举其中有关中国的论著如下：

——《论指南针的起源》（*Dissertation sur l'origine de la Boussole*），这篇文章表明阿拉伯人、波斯人和印度人在我们之前就从中国人那里了解到了指南针。

——《沙门历史研究》（*Recherches sur l'Histoire des Samanéens*），共三部分。作者在第一部分指出沙门即印度贤人或宗教人士，在波斐利（Porphyry）、杰罗姆（S.Jerome）、克莱曼特（S.Clement of Alexandria）和斯特拉波（Strabon）笔

巴黎的汉学学派中无一能与北京的传教士，尤其是

下被讹称为 Semnoen、Sarmanéen 和 Germanéens。在第二部分，作者介绍了印度人眼中的沙门及其绝灭。在最后一部分，作者讲述了这些沙门遭受迫害，离开印度逃往恒河以外的暹罗、勃固、柬埔寨、阿拉干、帕尔马、老挝、北越、交趾支那，甚至流亡到中国和日本，他们被称为和尚、僧侣或佛教门徒。

——《佛陀史》(*Histoire de Fo-Chékia-Méouni*)，其中包含了戴索特莱对佛教的研究。中国人将 Boudha 一词误读为佛陀。

——《论中国人吃的几类谷物及其种植方式》(*Mémoire sur plusieurs sortes de grains que les Chinois mangent, et sur la manière dont ils les cultivent*)。

——《中华帝国年表》(*Table Chronologique de l'Empire de la Chine*)，其中以竖书成行的方式记载了历史上统治中国的皇帝和朝贡诸侯。

——《中国战争》(*Guerres des Chinois*)，弓弦骑士（M. le Chevalier d'Arcq，原名 Philippe-Auguste de Sainte-Foy，1721—1795）的《战争史》(*Histoire des Guerres*) 应对这篇文章有所借鉴。

——《春秋》(*Tchune Thsieou*)，中文原著为孔子所作的鲁国（公元前722 年—公元前480年）史书。

——《中国年鉴》(*Annales Chinoises*)，目前该论著及下一部作品尚在编纂过程中。

——《中国百科全书》(*Encyclopédie Chinoise*)，或《中印历史地理大辞典》(*Dictionnaire Historique, Géographique de la Chine & des Indes*)。

迄今为止已付梓的有关中国的作品如下：

——《致巴黎议会参赞戈盖先生》(*Lettre adressee à M.Goguet, Conseiller au Parlement de Paris*)，出自戈盖先生（Antoine-Yves Goguet，巴黎议会参赞，近世于1758 年 5 月 3 日）《论法、科学和艺术的起源》(*De l'origine des Loix, des Sciences & des Arts*，3 卷本，1758 年）第3卷末，论述了中国古代对某些艺术的认同。

——《致德弗洛特先生——关于〈赵氏孤儿〉的真实故事》(*Lettre adressée à M. Desflottes sur l'Histoire véritable de l'Orphelin Chinois de la maison de Tchao*)，印于悲剧《中国孤儿》之后，杜克塞纳出版社，1755 年。

个中翘楚马若瑟和宋君荣相较。其中几位传教士,如巴多明(Dominique Parrenin, 1665—1741)、赫苍壁(Julien-Placide Hervieu, 1671—1745)、孙璋(Alxander de la Charme, 1695—1767)、魏继晋(Florian Bahr, 1706 年—1771 年)和汤执中(Pierre Nicolas d'Incarville, 1706—1757)编纂的汉语字典迄今尚未付梓。1774 年 8 月 5 日,当耶稣会被取缔的消息传到北京时,共有十位法国耶稣会士在京传教:蒋友仁(Michel Benoist, 1715—1744)、钱德明(Joseph-Marie Amiot, 1718—1793)、方守义(Dollières, Jacques François Dieudonné d'Ollières, 1722—1780)、韩国英(Pierre-Martial Cibot, 1727—1780)、汪达洪(Jean-Mathieu de Ventavon, 1733—1787)、晁俊秀(François Bourgeois, 1723—1792)、金济时(Jean-Paul-Louis Collas, 1735—1781)、梁栋材(Jean Joseph de Grammont, 1736—1812)、贺清泰 Louis de Poirot(1735 —1814),以及传教士兼宫廷画家潘廷章(Giuseppe Panzi, 1734—1812)[1]。蒋友仁著译的《书经》和《孟子》未曾出版。汪达洪译有《中庸》也未刊出[2]。几乎所有的北京传教士,尤其是钱德明和韩国英均为巴托神父(Abbé Charles Batteux, 1713—1780)和布雷基尼(Louis

---

[1] 见亨利·考狄,《北京耶稣会的取缔》(La Suppression de la compagnie de Jésus et la mission de Péking,《通报》, 1916 年 7 月和 12 月)。

[2] 见《通报》(Toung Pao), 1916 年,第 553—554 页。

George Oudart Feudrix de Bréquigny,1715—1795）提供了详实的资料，使得《中国历史、科学、技术、风俗、习惯之论考》(*Mémoires concernant l'Histoire, les Sciences, les Arts, les Moeurs, les Usages, etc. des Chinois*，又作《中国杂纂》，巴黎，1776—1844，16 卷）这一论著得以问世。然而必须承认的是，早期传教士前贤的成就是这十位传教士所难以企及的。

1787 年，清朝政府收回了传教士一直以来的通信特权。

> 北京的一些传教士滥用这种特权，无论属实与否，我们都失去了往日的恩宠，天悬地隔了。政府负责将我们的信件寄给广州总督，由其转交给我们的寄件人。写给我们的信件也是如此。这些信件被装在总督的信封里交至内阁，只有经过内阁大臣的同意，我们才能收到信件。这样的繁文缛节让我们陷入何种尴尬的境地就不消说了。然而在他们看来，这些层层关卡于我们是一种优待，因为先前在偷越者的文件中发现了北京传教士写给他们的几封信，因此需要采取这样的举措阻断可能存在的信函泄密行为。尽管皇帝陛下对我们格外宽厚，然而若有同样的情况再次发生，我们将受到最严厉的惩罚。①

---

① 钱德明致贝尔坦信，1987 年 12 月 19 日，北京。

十九世纪初，巴黎的三位汉学家哈盖尔（Joseph Hager，1757—1819）、蒙图奇（Antonio Montucci，1762—1829）和柯恒儒（亦有音译"克拉普罗特"，Julius Heinrich Klaproth，1783—1835）为争夺编纂汉语辞典一职产生了诸多争执。我曾撰文详述过柯恒儒的云程发轫①，此不具论，仅提醒读者柯氏早在1800年就着手编制鸿篇巨著《中国语汇集》（*Vocabularium Characteristico-Sinico-Latinum ad Chrestomathiam Sinicam quem Gramaticae meae Sinicae subjunxi Henricus Julius Klaproth*），此书今日仍沉睡于柏林的皇家图书馆。②

哈盖尔在柏林遇到柯恒儒可谓时运不济，柯氏告诉哈氏他刚在柏林落脚，修道院长"便邀他密谈，提议双方合力共编一部汉语辞典，尽管两人对汉语知之甚少"③。

我们注意到此时有一位名叫阿三的中国人抵达巴黎，与黄嘉略不同的是，阿三不曾参与过法国的学术研究。在米林（A.L.Millin，1759—1818）创办的1800年《百科全书杂志》（*Magasin Encyclopédique*）第2卷的第390—393页，我们看到了"有关这位年轻中国人"的如下描述：

---

① 《法兰西文学院会议纪要》（*Comptes rendus des seances de l'Academie des Inscriptions et Belles-Lettres*），1917年，第297页。
② 见《中国书目》（*Bibliotheca Sinica*），1635年。
③ 柯恒儒，《哈盖尔汉学研究坟墓之墓石》（*Leichenstein auf dem Grabe der chinesischen Gelehrsamkeit des Herrn Joseph Hagers*），柏林，1811年4月8日—20日，第56页。

各大报纸争相报道一位年轻中国人在巴黎的出现：但他像患病的战俘一样被遗弃在巴黎恩谷医院，没有真正体贴达观的朋友在身旁嘘寒问暖。

我们有幸刊出了法国人类观察所副所长兼委员勒布隆（C.Le Blond）及秘书乔弗莱（C.Jauffret）在28号会议上的发言内容。该报告将于热月①18日在人类观察所举办的公开会议上宣读，在此不提前透露文中的睿语哲思，仅陈述相关事实。

钟阿三，23岁，祖籍南京，其妻17岁。阿三家中有兄弟四人、姐妹二人，举家在广州经商。与他同行的还有他的哥哥，钟阿二，25岁。他们与另外两名商人、三名工人（裁缝和鞋匠）和十位水手一同搭乘一艘商船，这艘船上的船员包括六十名英国人和十名葡萄牙人。

在英国人力劝之下，这些中国人背离祖训远渡重洋，只为与欧洲建立商贸关系。英国人允诺他们会尽快返程。商船上装载的商品似乎有茶叶、扇子、香薰首饰和印度墨水。

法国的一艘私掠船将这艘商船截获，并将所有人带到了波尔多。中国人在这里待了数月之久。据阿三所言，他甚至当众表演了中国式摔跤和赛马。

---

① 热月是法国共和历的第11个月。

被俘获的众人先后辗转至图尔、奥尔良、瓦朗谢讷进行贸易交流。阿三因病需要治疗被单独滞留在医院,后被转移到巴黎的一家医院。

阿三在医院期间处于警方的看管之下。如果说因战伤而被收治在医院的士兵们让我们唏嘘不已,那我们不妨想一想这个可怜的人:背井离乡,语言不通,音信杳无,只能通过自己身陷囹圄的处境和周遭的年轻看守来揣测当地的风土人情。

一筹莫展之际,一位叫尤斯塔什·布洛克(C. Eustache Broquet)的小学教师挺身而出,为阿三排忧解难,让他看到了希望的曙光。

法国政府终于听闻了阿三这一年多以来的遭际,敕谕法国翻译员西卡尔先生接管这位年轻的中国人。作为彰显法国仁爱礼待的全权公使,西卡尔深感阿三仍需布洛克继续照拂,因为初窥汉语门径的布洛克已经能用汉语与阿三交流,也能翻阅少量的汉语书籍。

在此,我们惟愿长期饱受忧思之苦的阿三能接受更好的治疗,待痊愈后大展宏图。

阿三读过书,这在他的国家并不多见,此番游历之后,博闻强识的他定会在古老广袤的中华帝国成为商界的显赫人物。

阿三心细如发，从他纠正别人模仿汉语发音的方式便可洞其心思缜密。

他擅长计算，识得世界舆图，虽身处困境，却仍勤学纳新。

回家的念头一直在他的脑海挥之不去，人们只能慰之以飘渺不定的归期。有一天，阿三想到若所有同伴均已归家，而他的母亲只能写下："阿三何在，阿三何在。"这样的画面让他泪流不止。

1800年，身在维也纳的哈盖尔①博士发文简要介绍了一部汉语字典："订阅价为十基尼，订阅时支付三基尼，剩余部分则按照字典出版的不同比例支付。未预先订购者的购买价为十五基尼。订阅者名单将刊印于卷首。"在哈盖尔看来，学习中文其实很简单，唯独缺少一部中文字典。他接着写道：

> 笔者即将在伦敦出版一部字典，现已准备印刷，该字典依据中国最好的字典手稿改编而成，包含最常用的汉字，并附注有必要的使用建议。

---

① 约瑟夫·哈盖尔（Joseph Hager），1757年4月30日出生于米兰的德国家庭，1819年在帕维亚逝世，先后在维也纳、罗马、巴黎学习，早年任职于罗马教廷传信部。

一旦订阅人数足以覆盖成本，字典将会付诸印刷。若今年订阅人数不足，金额将如数返还。

该字典可在伦敦（主祷文区 G.G. 和 J.Robinson 出版社、威斯敏斯特国会街 42 号盖斯韦勒处、蓓尔美尔街埃文斯处以及舰队街怀克处）、汉堡（霍夫曼处）、莱比锡（格申处）、维也纳（绍姆堡公司）和巴黎（百科全书杂志办事处、马图林街富克斯处、克卢尼酒店）订阅。

笔者提议出版的汉语字典包含约 10000 个汉字及其不同的用法，足以供读者阅读汉语通俗作品，也能用汉语交流各类题材的话题。其汉字排序不同于《正字通》或《字汇》按部首编排的方式，亦不同于上世纪门采尔（Christian Mentzel，1622—1701）编纂的九卷本汉文字典。本部字典中的汉字按照字母排序，并注以欧洲字母或符号，如此可大大减少字典的篇幅，仅需一卷，一应俱全。卷首将标出清晰扼要的语法和字典使用指南，不致像傅尔蒙的《汉语沉思录》（*Meditationes sinicae*）一样文辞冗长，文风浮夸，令读者不明所以。字典中将加注声调，这一点与阳玛诺（Emmanuel Diaz，1574—1659）的汉语字典（现存于柏林）和广州多部汉语字典（原稿现存于伦敦皇家学会图书馆）一致。此外，荷兰驻北京大使蒂进（Issac Titsingh，1745—1812）新近带回了两份书写优美的手抄本，我们将在字典中进行比照。字典中加入声调，可避免巴耶尔（Gottlieb Siegfried Bayer，1694—1738）在《汉语博览》(*Museum sinicum*) 中因忽缺这一点而犯下的错误，同时可指导人们学习汉语会话。附录索引有助于汉英互译。——由于每个基本字符（部首）与其他字符组合时会发生变化，或由于行数和其他情况的限制，一直以来寻找字模困难重重。出版商通过在《相同部首表》中加入不同形状的部首，或设定相关特殊规则，从而最大程度上解决了这个难题。——最常用的汉字一经印制，将在补编中发布《海篇》《字海》《说文解字》中的内容，碑文和印章上的常用字，以及形态各异的汉文和日文，以飨读者。

米林将这篇汉语字典简介刊登在他创办的《百科全书杂志》中，期刊还收录了朗格莱斯（Louis-Mathieu Langlès，1763—1824）撰写的法国国家图书馆基础汉语书目的说明。

1802年，哈盖尔受拿破仑之命赴巴黎编纂汉语辞典，年薪6000法郎。来自意大利锡耶纳的蒙图奇亦有意担任此职，对哈盖尔展开严厉抨击并成功将其赶下台，不成想法兰西文学院院士德经之子小德经后来居上，攫取了胜利的果实。

哈盖尔在所著有关中国钱币一书中提到了他负责印制的汉语字典中的汉字：

在结束这篇序言之前，笔者认为有必要介绍一下我们的工作事宜：我们奉陛下懿旨出版一部汉语字典，目前正在筹备用于字典印刷的汉字模块，而这项工程从上世纪初就开始了。

这些中文字块自傅尔蒙时代，即1746年左右便被存放于国王的图书馆，也就是如今的法国皇家图书馆，时至去年才被运送至皇家印刷局。印刷局内已集齐亚洲各大国东方字体，独缺汉字。

将中文字块运送到印刷局之前，我们对其进行了统计编号，共计八万余汉字，准确来说是八万六千四百一十七个汉字，分布在两百三十六方抽屉中。

除此之外，我们又发现了约三万汉字，所有这些字块分为两种形式：一种按部首（或基本字符）排序，另一种按音调排序。我们的首要任务是将其区分开来，并按照214个部首重新排序。

在过去六十年的时间里，许多人出于好奇前来观看和触碰这些汉字，导致大量汉字的位置发生了变化，无一抽屉能够幸免。好些抽屉杂乱无序之甚，简直让人怀疑是有人存心为之。

经过数月的整理，这些中文字块终于变得井井有条。无论多复杂的字，至多只消一分钟便可从这十万字海中找出来，如此字典的印刷工作已准备就绪。

与此同时，我们在闲暇之余对法国皇家徽章古玩收藏馆内的中国古钱币进行了介绍。（前言，第12—14页）

哈盖尔关于中国钱币的这本论著共分十八章：第一章，中国古代集市；第二至十二章，古钱币；第十三章，希腊人眼中的中国；第十四至十七章，论希腊与丝国；第十八章，萤石器皿。在此书的第153页，作者告诉读者萤石器皿由玉石制成。哈盖尔将希腊人所说的 Lithinos Pyrgos（石城）称为 Tash Kand（即塔什干，意为石堡，东突厥斯坦首府，位于锡尔河畔，第123—124页）；此外，他认为赛里斯国（Sères）首都赛拉（Sera）位于西安府或河南府（第127页）；古希腊数学家埃拉托色尼所说的"秦尼"（Thinae）便是这座城市（第129页）。目录（第171—186页）部分列出了64枚中国古钱币，随后是对宣德年间（1426—1436）两枚青铜花瓶的介绍。

1802年，哈盖尔转写了著名的大禹碑铭，此碑立于现湖北省省会的衡山之顶。他致信《耶拿文学报》(*Gazette littéraire de Iéna*)的编辑舒茨，请求在《文学报》匿名发表的一篇关于其《禹碑》(*Monument de Yu*)的文章中增添一些关于禹碑的信息，这封长信后来由米林刊印于《百科全书杂志》（1803年，巴黎，第158—168页）。

离开法国后，哈盖尔仍继续从事碑铭研究。

继中国钱币学论著之后，哈盖尔对中国和希腊的信仰展开了比较研究，今日学界却对这一话题兴味索然。我找到了哈盖尔与特雷特尔和维尔茨（Treuttel et Würtz）出版商之间签订的合约，复制如下。

甲方，帕维亚大学东方语言教授哈盖尔先生，现居巴黎；乙方，里尔街17号特雷特尔和维尔茨出版商。双方达成协议如下：

1. 甲方将300份印制于精制犊皮纸的四开本《中国诸神》（Panthéon Chinois）转让并出售给乙方，条件如下所列。

2. 乙方在第六、第九和第十二个月时向迪多印刷社支付印刷费、纸张费、校对费和轧光费等。

3. 甲方同时向乙方提供已完工的《中国诸神》印版。

4. 乙方应向甲方或甲方指定人员提供八份（已提供一份）完整的《中国诸神》样本，以用于上述印版和汉字雕刻，如此乙方可避免重复这一操作。

5. 此外，乙方应向甲方提供八份《中国诸神》样本、两份《中国钱币》（Numismatique chinoise）样本和一份《禹碑》样本。

6. 乙方应向兰朱奈先生和索沃先生各提供一份《中国诸神》样本用于在《箴言报》（Moniteur）发布广告，

并向位于哈勒的舒茨先生免费提供一份样本。此外，乙方还需向他们认为能宣传此作的各大媒体记者提供样本并承担相关费用。

乙方执行上述条款和条件后，将成为《中国诸神》的唯一拥有者，并可对该作品自行处理。

该合约一式两份，1806年10月24日拟于巴黎。

同意上述合约

约瑟夫·哈盖尔

已收到上述合约第4条和第5条所述的16份样本及其他作品。

哈盖尔

而最让蒙图奇忿然的莫过于哈盖尔关于基本汉字的论著，蒙在写给《环球杂志》(*Universal Magazine*)主任的信件及其《哲学研究》(*Recherches philologiques*，我们稍后会谈到)中对哈进行了猛烈抨击：

从卷首第三个字到结尾的《圣经》诗篇第113篇第3节倒数第二个字，整部作品谬误不断，笔者对此进行了严正的批评。尽管笔者也曾手写或印刷文稿请求诸位学者就此事发声，然则寂寂无闻的批评者怎可与声名赫赫的哈盖尔相敌。

1802年，身在伦敦的哈盖尔博士奉命前往巴黎负责印刷一部汉文字典，薪金优渥。三年过去了，哈盖尔未曾向出版社寄送过一页书稿。诚然，他发表了三部关于中国文学和古代中国的作品，在此我们可借用贺拉斯的诗歌：

也许你知道如何画柏树，
但是人家出钱请你画海难余生图的时候，
会画柏树有何用？

最终，怀着去芜存菁的热忱之心，笔者于1804年在伦敦的《环球杂志》发表《中国文学信札》(Letters on Chinese literature)客观论述了双方的对弈，不久后哈盖尔被辞退。

蒙图奇早年通过贝尔、福尔蒙和列昂季耶夫（Алексей Леонтьевич Леонтиев, 1716—1786）的著作苦心钻研汉语，因缘际遇让他有幸得以继续深造。1786年，在弗洛伦萨担任两名年轻英国人教师的蒙图奇遇到了威治伍德（Josiah Wedgwood, 1730—1795），后与其一同前往英国，在那里教授意大利语，同时继续学习汉语。乔治·马戛尔尼（George Macartney）勋爵于1792年5月3日被任命为驻华大使，寻找一位翻译人员成为他需要解决的头等大事：清政府严禁国人在广州教授外宾汉语,一名叫弗林特的英国人因顶风作案而被捕入狱;广州领事馆前翻译加尔伯特在乘坐"贞女"号英国舰船时不幸遇难(1788年);英国先后与遣使会会员和巴黎外交使团交涉,却无功而返。心灰意冷的英方最终在那不勒斯马国贤(Matteo Ripa,1682—1745)神父创办的学院里找到了两名年轻中国人同意担任此职。虽然他们经验匮乏,对本国风俗亦不甚了解,但后来使团访华失败另有其因。在持续数月的时间里,蒙图奇每天与两位中国人交流学习汉语。"正是在这些传教士的帮助下,蒙图奇得以熟知汉字示踪的方法,此方法无论对汉字分析还是汉字在字典中的分类和研究都具有重大意义,而这是傅尔蒙或其他任何欧洲汉学家所未曾提及的。"因此,当叶卡捷琳娜二世的御用汉语翻译列昂季耶夫去世时,蒙图奇觉得自己可在1802年继其之后为亚历山大一世效力。

马戛尔尼使团的中国传教士馈礼蒙图奇,以感谢他为字书《正字通》提供的帮助,这让蒙图奇萌生了自己编纂汉语字典的想法。囊中羞涩的蒙图奇致函欧洲各学会和各国君主告知汉语字典出版计划,最终只有普鲁士国王回信同意资助。于是蒙图奇在1806年前往柏林,然而到达后仅月余拿破仑便率军攻入柏林,忧心忡忡的普鲁士国王自然顾不上中文字典出版事宜。

1808年,蒙图奇在柏林发表了一篇拉丁文论文《汉语研究》(De Studiis Sinicis)，此文是他向圣彼得堡科学院院长兼参赞诺沃西尔佐先生及其同事毛遂自荐，希望能担任汉学专家一职。作者在文中列出了西方现存的主要中国作品，并附上了自己书写的汉字（可能在木块上刻制而成）。在此之前，蒙图奇早已于1807年12月24日从柏林发函致"法兰西国立研究院的著名东方学家和其他学者"。

蒙图奇写道："1801年，正值英法短暂休战，我鼓起勇气向您寄送了一篇作品出版简介和几篇文章，蒙君垂念，您很快便告知我来函收悉。"

"首战失利后，我去年又（在柏林）致函拿破仑大帝进行了第二次尝试。我深信陛下就如托勒密王朝君主和帕加马国王阿塔罗斯一样惜才如金，即使在出军征战时也不忘留心擅长科学艺术之人。先生们，你们为陛下慈恩覆护，侍君以忠，英姿迈往，此次请求成功与否离不开你们的支持。"

在文章结尾，蒙图奇附上了斯丹顿（Geo. Tho. Staunton，德文郡街）1804年5月8日回复他4月21日关于在英出版汉语词典计划的答信，尤其强调了以下几段：

我很喜欢您亲自书写并让人镌刻而成的汉字样本，在我看来它们清晰可辨且精密工整，这在欧洲是前所未见的。

我深知您一直勤勉不怠地学习这门复杂语言的原理和

理论,在此衷心希望您的计划得以执行,我坚信您会不负众望。

斯丹顿还建议蒙图奇参阅雷珀刚刚编写的字典。

几年前我曾有幸翻阅了雷珀先生编纂的汉英字典,我一直认为这是英国最完整精确的汉英字典之一,值得借鉴。私以为,若在编纂字典时确保一丝不苟地监察语言基本规则和书面文字,则成功指日可待。

雷珀的《汉英字典》译自澳门的《拉丁字典》,于1807年分3卷发行。作者在1823年12月3日将该字典赠予皇家亚洲学会,字典手稿迄今仍存于该学会,未曾出版。

为了解这部汉语字典的出版计划,萨西(Silvestre de Sacy, 1758—1838)开始研读蒙图奇的《汉语研究》:

遗憾的是,各国先后开展的旨在促进和传播欧洲汉语研究的项目都差强人意。当我们看到法国政府传召一位有名的汉语文献学家负责汉语字典出版项目,且为他扫除了重重障碍时,我们自然期待一部汉语字典的诞生。这其实无关汉语字典的编纂,真正的问题在于这是一项旷日持久的艰深任务,需熟谙汉语和汉字,更需要经年累月的坚持；而精挑细选汉字字模并召集能工巧匠刻制十万汉字，或为这个伟大的事业一掷千金则毫无必要。汉语字典当然早就有之，由数位抱诚守真之士通力打造而成，虽有错谬却足以方便人们走进中国文学的殿堂。精雕细刻而成的浩繁汉字字模只等一双勤劳的手带它们重见天日，付梓印刷。与雕刻汉字的实际成本相比，印刷成本微乎其微。哈盖尔先生最终完成了一部博学多识之作，由此证明法国政府知人善任。而这部字典尽管看似精妙绝伦，却并未超越前人。一切只能归咎于动荡的时局，法国政府不得不一再顺延执行这项值得鼎力支持的计划。希望欧洲早日出现这样一部汉语字典，以此力促中国文学批评的发展，开辟一条关于远东古老大陆历史、宗教、科学等文化研究的新道路。

这篇论文让我们重燃希望。文章条分缕析，我们愿意相信作者蒙图奇可为博学之欧洲提供这样一部字典。惟有促进文学进步的竞争才是合理的，我们有理由认为蒙图奇先生正是出于这个原因才发动了诸多笔诛墨伐。

1759年8月21日出生于巴黎的小德经是德经之子。其父德经曾著有《匈奴通史》（*Histoire des Huns*）。1783年11月17日，小德经被任命为法国驻广州领事馆随员。1784年3月21日，他与第一任法国驻北京遣使会高级会士罗广祥

(Nicolas-Joseph Raux)一同在布雷斯特登船,同年8月29日抵达广州。1785年4月14日,加隆重建东印度公司,小德经从1783年11月17日起任职的广州领事馆(建于1776年)的地位一落千丈,于是他的父亲又各方斡旋,给他重新安排了一个职位。

这是"致东印度公司董事"的第一封"特为小德经先生陈情书":

> 小德经先生于1784年奉部长之命赴广州领事馆担任随员,日后将升任领事,以求博学广闻,为国家、商贸和技术贡献一份绵薄之力。他已掌握了一定的汉语和汉字。
>
> 自东印度公司成立后,广州领事馆变得无足轻重,如今被彻底取缔。因此,小德经的父亲,法兰西文学院院士想告知公司董事,如此一来,其子远赴重洋的所有工作成果将付诸东流。德经切望贵公司可为爱子在广州安排一衔半职,从而可继续效力于商贸交流,同时可继续学习中国技术,扩大我们的贸易范围。
>
> 小德经先生赴任广州领事馆前已学习汉语并研读汉文书籍:他曾翻译了一些汉语作品和一部中国地图集,法国科学院认为该地图集可放在他的国外游记中一同出版。小德经刚刚给科学院寄送了旅途中的天文观测资料,其中指

出了一条法国人未曾发现过的海峡路线。他是两院通讯会员，学过自然史、制图和绘画，这些技能对于他这样一个旅居中国的人必不可少，也能让他与中国人融洽相处。小德经自从来到中国后，一直致力于学习商业、技术和一切可促进商贸交流之事，希望贵公司对其工作和热情予以支持，考虑德经先生提出的请求。

本陈情书附如下信函：

先生们：

很荣幸向你们介绍吾儿小德经。他现居中国，此行目的是研习一切可为国所用之器，贸易便是其中一项。你们也深知博览群书之人更大有可为，知识有助于贸易的开疆拓土。在领事馆撤离广州后，大家都无所适从，而犬子除了完成本职工作外便徜徉于艺术和科学的世界，闲暇之余研究利国利商之计。我曾收到一些人从广州写给我的信件，他们因为太过百无聊赖，要求我从法国寄一些东西过去以作消遣。赴境外人员理应博学多识，这也是为什么不列颠东印度公司近日决定派遣一些饱学之士到国外各个分公司，让他们学习某些制造工艺知识以供我们日后研究。东印度公司先前收到几张中文货物报表时极为苦恼，恳请我复制一份寄往中国。在中国生活了四十年之久的杜路德先生和杜维莱先生汉语口语十分流利,却不识一丁。因此,如果曾经学过汉语的人在中国继续汉语深造,同时致力于商贸交流,那么必将大展宏图。凡此种种,诸位应能体会我提出此番请求的殷切心情,敬祈惠允,这于我将是莫大的荣幸,窃以为这也会有助于贵公司商业技术的发展。

多劳费心,铭感不已。

法兰西文学院德经,您谦卑恭顺的仆从
1785 年 8 月 9 日于巴黎

一个月之后,德经又写了一封信:

阁下:

感谢您为吾儿致信东印度公司的诸位董事,拳拳盛意,感莫能言。罗什富科公爵(M. le Duc de la Rochefoucaut,原文如此)亦提醒我应向您通函致谢。假期时我就住在凡尔赛宫附近,我曾数次登门拜访,回到巴黎后仍想当面致谢,但您未曾接见,因此请允许我向您呈上这封信函,一为道谢,二为请求您和东印度公司董事继续庇护身在中国的犬子,他的所学所长将为他在该公司谋得一席之地,为公司出谋献策。除了天文学,犬子还涉足中国艺术,比如他曾给我寄过一些中国人的颜料样品供我

研究。此外，他受命要在明年寄送一批谷物到朗布依埃进行试验。就在今年，他给诺林神父寄了许多他为法国科学院所做的天文观测资料。植物学和自然史也是他的一大爱好。赴任广州领事馆之前，他已经学习并掌握了一定的汉语和汉文书籍知识。蒙您覆蔽，犬子可为欧洲和东印度公司的科学技术发展贡献一份绵薄之力。自从公司船只离开中国后，滞留人员清闲无事，犬子则在这漫长的时日里精进不休。请阁下原谅我的事无巨细，书不尽意，谨表谢忱。

您谦卑恭顺的仆从

法兰西文学院德经

1785年9月20日于凡尔赛宫旁布吉瓦尔

德布隆尼先生似乎于1785年9月22日奉命回复了这封信。德经继续呈请如下：

先生们：

时过境迁，请允许我再次致信为吾儿陈情。他在广州居住两年，一心学习中国商业、技术和科学，为此，他在法国时就曾潜心研究瓷器、织物染色、颜料种类等。他已能自如阅读汉语书籍，可深入了解中国人不轻易向异邦人透露的技术知识。此外，他还努力练习汉语口语。所有这些知识都会对贵公司大有裨益，然而无需怀疑犬子会疏忽职守，因为自领事馆撤离后，滞留人员几乎无事可做，正是在此期间，犬子才能全身心投入艺术和科学研究。因此，我恳请诸位先生能让犬子在贵公司的广州分公司当职。他越了解中国，越能为贵公司发挥所长。请相信犬子的满腔热忱和在下的无尽感激之情。

谨致谢忱。
您谦卑恭顺的仆从
法兰西文学院德经
1785 年 10 月 4 日于凡尔赛宫旁布吉瓦尔

以下是德经的最后一封请愿书：

先生：

我刚刚从贵公司某些先生处得知贵公司已确定了广州分公司的第一个职位——这个消息您先前早就告知了在下。他们还告诉我第二个职位也已确定人选，最后剩下的第三个职位将在两天后定下来，若我不及时提出请求，吾儿的希望就会落空。眼下未能有幸见到您，有鉴于此，我认为应遵从这些先生的建议，于是我马不停蹄地奔赴拜见他们，却无一人在府上。我只得留下字条请求他们授予犬子这独剩的职位，据我所知这三个职位都不失体面。我不知道这具体是何职位,亦不知您意下如何(对此我征询了其中一位先生的意见),无论如何我都对您心怀感激。在下终日埋首书卷,不闻商事,吾将无比信任您所做出的一切决定。

谨致谢忱。

您谦卑恭顺的仆从

法兰西文学院德经

1785 年 12 月 7 日于巴黎

根据一份注解,这封信似乎未曾得到回复。

德经写陈情函(陈情求职)是惯有的事了,十年前他写过这样一封信:

阁下:

感念您一直以来的体恤优待。在下现有求于您,若不致函陈情,恐有唐突。我刚刚得知有人请您照拂我的妹婿,加森维尔·德·马勒伊先生(M. de Gassonville de Mareuil, 1740—1783)。我本想等您闲暇时能有幸跟您叙说此事,然您既已对妹婿殷殷垂问,请容我擅自介绍一下他:尽管他似乎与德劳尔先生返回毛里西亚岛后方才初露锋芒,尽管他看似只是一位旭日初升的刚入伍的年轻人,但他曾是印度老兵,他的许多军校同学早就成为了上尉,这段独一无二的经历可让他从共事的士官中脱颖而出。如今与妹婿一同入伍的一些人已从少尉升至中尉,而本就是中尉的他或许可希冀荣升。以下是他的经历:妹婿16岁参军入伍,今年34岁。他于战时加入其叔父的麾下,当时他叔父是印度最年长的上尉。后来他来到了毛里西亚岛:虽然他的少尉薪金按时发放,但布坦先生给他寄发的少尉证书下落不明,一直给贵族士绅当志愿兵。妹婿曾在中国、巴达维亚、摩卡和本地治里参加过各种海上和陆地战事活动。驰骋沙场时他身下的战马被杀害,他自己也在达切先生的中队行动和其他行动中摔断了大腿和肩膀。有很长一段时间他如泥牛入海,杳无音讯,因为他在戎马倥偬之中从不写信。最终倦怠了顿足不前的他与罗先生回到了本地治里,彼时还不是长官的罗先生答应提拔他。但妹婿并未在那里待很久,特莱神父随后发动的改革迫使他回到了法国。经过一年半的奔走求告,德博瓦纳先生在得知妹婿的从军和受伤情况后终于大发慈心,授予他中尉证书,并承诺立刻提拔他以不负他逝去的韶华。此后,他便与德劳尔先生一起离开了。妹婿在印度时,看到一些同僚从军时间较之更短却已升任上尉,不免畅想自己可获同样的优待。我相信无论是现在的袍泽弟兄还是以前印度的老战友跟您提起他时,都会赞誉有加。他骁勇善战,无惧无畏,吃苦耐劳,恪尽职守。阁下,这就是我冒昧向您举荐的妹婿其人。我深知您公正不阿,知人善任,因而请您特赐恩泽。

多劳费心,铭感不已。

法兰西文学院德经,您谦卑恭顺的仆从
1775年3月31日于巴黎

德经的尝试未能如愿,不过后来当特雷卡斯特骑士(Chevalier d'Entrecasteaux,即 Antoine Reymond Joseph de Bruni d'Entrecasteaux,1737—1793)在中国供职期间任命小德经为法皇驻广州代表,兼任领事、掌玺大臣和翻译,薪金六千(1797年2月)。这一委任于1788年3月6日和1791年3月29日分别得到了法国海军卢塞恩先生和弗勒里厄先生的允准。德经深感薪资不尽人意,于1791年12月20日为小德经求取领事一职,最终希望落空了。

在英国1793年攻陷本地治里之前,小德经的薪俸一直由当地军需官支付,自本地治里沦陷后,欧洲和印度音信隔断,小德经的津贴也再无下落。1796年1月13日,小德经乘坐一艘美国帆船离开黄埔,2月17日抵达毛里西亚岛。尽管总督马拉狄先生好心帮忙,在毛里西亚岛逗留了整整五个月的小德经却未收到分文酬金。接着小德经乘另一艘美国船来到了菲律宾甲米地,11月15日离开马尼拉,12天后经澳门返回

广州，在广州只待到次年1月28日，其后又经马尼拉重返毛里西亚岛。这次小德经在毛里西亚岛居住了三年，然而直到1801年3月20日，他写给巴黎讨薪的函件却迟迟没有收到回复。于是小德经乘坐丹麦"克隆堡号"舰船于1801年6月在哥本哈根泊岸，经由荷兰南下，在1801年8月4日回到了阔别十七年的巴黎。1801年11月6日（雾月15日）塔利班德部长将小德经介绍给了拿破仑，小德经的薪金终于得以支付。就在他于1803年即将启程去中国担任法国驻华代表时，战争阻断了他的去程。其后塔利班德任命小德经为法国翻译局局长，1804年转入外交部档案馆负责领事文档整理。小德经接下来向部长提交了两篇论文，一篇是关于法国在北欧的贸易，另一篇是关于东印度公司在亚洲的业务部门、地产、商业、收益和财务状况。

1808年，身为法国驻华代表、外交部随员、法国研究院第一和第三通讯员的小德经在皇家印刷局出版了三卷八开本的著作及其对开本地图集《1784至1801年间北京、马尼拉和毛里西亚岛游记》(*Voyages à Peking, Manille et l'Ile de France faits dans l'intervalle des années 1784 à 1801*)。这本书由小德经自费出版，因为他先前联系出资刊印的书商推延了出版计划，此事尚未开始便遭搁浅。小德经因此损失了一笔巨款，而这笔钱他本来是打算用于镌刻带回法国的图画的。

他告诉读者:"我的游记出版因故推迟,父亲留给我的手稿也因为同样的原因未能出版,我打算待情况允许时尽快安排出版事宜。在此之前,我将先行列出书中目录。"

德经的手稿多为根据阿语文献梳理得来的地理和历史方面的文章,其中关于中国的有:

——《中国史,从中国人的起源说起》(Histoire de la Chine, depuis l'origine des Chinois),译自《中国年鉴》,三卷,四开本。

第一卷包括中国史以及作为续篇的孔子《春秋》译本。

第二卷探讨了中国人的宗教。

第三卷通过将古汉字与埃及文字以及希伯来、腓尼基和其他东方国家的字母相比较,对古汉字展开了研究,该卷附有文字插图。

——《古代定居中国的犹太家庭研究》(Observations sur plusieurs anciennes familles Juives établies à la Chine)

——《论中国年份和现代历法》(De l'année des Chinois et de leur calendrier actuel)

——《中国古代历法及吕不韦所创月历》(Ancien Calendrier Chinois, et autre calendrier intitulé Yue-ling par un Chinois nommé Liu-pou-ouey)

——《中国天文学和占星术》(Le ciel astronomique et

astrologique des Chinois）

然而这些手稿最终无一得以问世。

小德经在《游记》的序言中写道："在这本书中，我向大家介绍的这个被某些作家交口称赞、人口稠密、幅员广袤的国度，并不以其发政施仁或地广民众而领先其他国家。我将如实陈述对中国人的印象。我并非有意贬低他们，但我觉得他们绝非睿智成熟、通情达理之辈，唯独希求法纪严肃，内政修明。"

这部作品分为三部分：第一部分为中国古代史简表，第二部分是关于小德经的北京之行，第三部分为作者长期旅居中国期间对中国的观察。作者在序言之后列出了公元前2953年至公元前1736年间的中国帝王名单，同时附上了相应的汉语名。紧接着是他1794年11月22日至1795年1月9日从广州到北京，同年2月15日至5月9日另辟他径从北京返程的游记。

在德经的致函央托下，小德经得以随蒂进的荷兰遣华使节团一同前往北京。广州的汉族商贾自然知道小德经是法国特使，担心他此番前行会暴露他们而导致清政府借此急征暴敛，因而反对他赶赴北京。直到北京传教士来信奉命在广州外侨中征募一至两位会拉丁语和少许汉语的人员时，困难才迎刃而解。汉族首领向各大臣举荐小德经及其同伴阿吉，二人于 1794 年 11 月 22 日离开广州办事处赴京都担任文书一职。

　　小德经的这部作品读来令人赏心悦目，错谬无几，许多喜欢夸夸其谈的关于中国的著作则不乏诸多讹误。我们看到第二部分的第 228 页有这样一句话："印刷术是在公元 950 年的后汉时期发明的。"

　　蒙图奇评价道："这部游记涉及几乎所有已知的科学和艺术，较其他同类作品更加包罗万象。哲学家、地理学家、商人、水手、天文学家、金融家、艺术家、建筑师、数学家以及任何求知者都能乐在其中或受益匪浅，从而发表自己或褒或贬的看法。"

　　"第二部分无所不包，着实引人入胜。作者的言辞豁达赤诚，我实在不敢别置一喙，以免读者责咎于我，毕竟拙作的成功就有赖于他们了。"

　　"众所周知，我未曾亲历中国，因此在中国的风土人情和技艺专长方面，我要做的就是默默倾听曾亲赴中国之人的所见所闻。然而在语法和文学领域，或许我在欧洲研习它们的时间比小德经在中国花的时间更长。"

　　以下这封未曾发表的信是小德经关于其《游记》出版的介绍：

巴黎，1807年8月3日

9月3日收信

9月14日回信

先生，

　　我很荣幸地告知您，历经千辛万苦、对簿公堂和万般无奈，我终于与我的书商决裂了，为此我将支付给他一笔钱。拿回了我的图画所有权后，我本想另寻一位书商，但考虑到可能的风险，我决定自费镌刻和印刷。目前插画正在制作当中，过一段时日再开始印刷，希望一切可在九个月后完成。

　　如此，图画镌版和文字印刷但求尽善尽美，但耗费高达三万法郎。

　　这部作品为三卷八开本，附有一部含65版插图的对开本图集，囊括了近百幅图画。先生，最让我苦恼的不是拙作的付梓问世，而是雕版印行后如何出售。先生对我素来垂爱，如您认识荷兰的某个书商有意购买全套书籍，请一定告知于我，在下不胜感激。该书将印刷1500份。这对书商来说万无一失，因为他可在购买前看到成品，付款前或付款时也可拿到所有书册。

　　您知道的，这些图画看起来颇为古怪，我费尽心思才让它们看起来令人心悦神怡。

　　文字印刷也许是最棘手的，我竭尽全力才让效果差强人意。

　　这部作品记录了从广州到北京旅途中的每日见闻，随后列表总结了公元前的中国历史，并将中国史上的主要事件与其他国家相对比，接下来是我对礼仪、习俗、法律、政府、人口、收入、律法、语言、风格、天文学、宗教、农业等方面的笔记，最后一部分是对菲律宾群岛和马尼拉群岛的介绍以及对毛里西亚岛的一些思考。

　　这是一个巨大的工程，也许最终结果与我想象中有一定差距，但我会全力以赴：我不求卓越，但求真实。

　　谨祝您健康无虞，如您归来我将喜不自胜。

　　谨致谢忱。

您谦卑的仆从
小德经

　　蒙图奇不会放过任何一个击败潜在对手的机会，他成功地赶走了哈盖尔，也许同样乐于看到小德经坍台，于是便化名发表文章《小德经中国旅行的文献学评论》（*Remarques philologiques sur les voyages en Chine de M. de Guignes*），对《游记》一书进行了恶意抨击。

　　蒙图奇最大的质疑在于小德经在书中列出了五个汉语声调而并非四个："有没有可能小德经先生待了那么久，却没有学过真正的数字，也没有学过真正的汉语声调的特征？……

五音划分是一个过时的错误理论,基歇尔(Athanasius Kircher,1602—1680)、玛加尔纳(Gabriel de Magalhaens,1609—1677)、米勒(Andreas Muller,1630—1694)、巴耶尔、傅尔蒙、《百科全书杂志》、哈盖尔博士,几乎所有关于中国的论著都错误地提到了这一理论。"

诚然在北京话中只有四种声调,即平、上、去、入,毕欧在《论中国公立教育的历史》(Essai sur l'histoire de l'instruction publique en Chine)一书甚至指出四声调是由南梁朝的史学家沈约于公元500年左右普及开来的。而实际上各地方言的声调多寡不一,据翟理斯称有的方言甚至多至八九个声调。不要忘了小德经除了北京一行,其他时间都是在广州生活,而广州方言里包含了上平、下平、上声、去声和入声,即平、轻、上、去、入。安南语中则包含了六种声调。

小德经起初本不打算回应蒙图奇,但后来他的一位同事向法兰西学会提交了蒙氏文章的副本,小德经不得不打破沉默为自己发声。他在1810年1月15日致函《旅游年鉴》(Annales des Voyages),笔调谦恭温逊,与蒙图奇的倨傲自大判若鸿沟。在信中,小德经揭穿了对手的意图:"一位新批评家粉墨登场。他同样有意编纂汉语字典,对自己的观点和计划作了明确阐述。他知道陛下委任我负责这一项目,只有一口咬定我不懂汉语才能改变这一决定。"局势因此变得剑拔弩张,小德经直言不讳:蒙氏指责他(《评论》第27页)"将汉字从左到右排列",柯恒儒也有同样的疑虑,其实大可不必。为了排版方便,如今的汉学家均采用这种方式印刷汉字。小德经还指出蒙图奇认为清朝建立(1644年)后就不再使用年号是一种错误的认知。

哈盖尔走后,出版汉语字典的计划并没有终止。

"1808年,有人重新向内政部长科特雷(Emmanuel Cretet)推荐了一个外国人执行该计划,但有一颗爱国之心的科特雷不愿聘任外国人,他认为国家已倾力刻制出字典中的汉字,剩下的编纂出版工作应该由法国人来完成。他向陛下谏言称一部汉语字典的出版对法国来说象征着无上荣光,文献研究正缺少这样一部字典,全欧洲对此翘首以待,如此便立刻获得了陛下的准允。陛下从百忙中拨冗下令由我负责印刷这部汉语字典。我奉命来到皇家图书馆参阅从罗马教廷传信部带回巴黎的叶宗贤神父(又译叶尊孝,Basilio Brollo de Glemona,1648—1704)的汉拉字典手稿,以此为范例编纂新的汉语字典。根据部长的旨意,我在三年的时间里就完成了字典编纂工作。"

叶宗贤,1648年3月25日出生于意大利格莫纳的弗留利,父亲瓦莱里奥·布罗洛(Valerio Brollo)是一名法学博士,母亲名叫乔瓦尼娜·罗迪塞(Giovannina Rodisei)。1666年6月10日,18岁的叶宗贤成为威尼斯省巴萨诺市圣博纳旺蒂修道院的小修道士。1680年,叶宗贤与伊大仁(Bernardino

Della Chiesa, 1644—1721) 和余宜阁 (Giovan Francesco Nicolai da Leonessa, 1656—1737) 一同赴海外传教。伊大仁抵华后领受阿戈利主教衔,成为云南宗座代牧,后被委任北京教区主教,1721 年 12 月 21 日去世。余天明 (Giovan Francesco Nicolai da Leonessa, 1656—1737) 在华领受贝里特主教衔,行使汉口宗座代牧职务,1703 年左右返回罗马。叶氏一行三人于 1680 年 10 月 18 日从威尼斯出发,1682 年 8 月 24 日抵达暹罗并在此逗留两年,叶宗贤正是从这个时候开始学习汉语。1684 年 8 月 27 日,他们来到了广州。1696 年 10 月 15 日,陕西宗座代牧区脱离北京教区,叶宗贤成为陕西教区的首任主教。1701 年 4 月 11 日,他在南京领取教皇谕旨后随即赴任履新。1704 年 7 月 16 日,叶宗贤逝于西安,年仅 56 岁。

封面上写有叶宗贤名字的这部字典很可能与《巴黎外方传教会藏文词典》(*Dictionnaire tibétain des Missions Etrangeres de Paris*) 一样,凝结了数代传教士的心血。

1808 年 10 月 22 日,距小德经的《游记》出版还有两个多月,拿破仑下旨命小德经负责编纂这部汉语字典,小德经随即积极投身于这项工作。到了 1810 年 1 月,小德经写道:

> 编纂字典的文字材料我已完成了三分之一以上,该字典字数很可能超过皇家图书馆汉拉字典手稿的字数。早

附录　法国大革命和帝国时期的汉学研究　179

在1809年11月8日，我就将两本折好的书贴上呈内政部长，其中包含了一千个已完工的汉字，可即刻送到皇家印刷局进行印制。在此期间，我逐字逐句转录了皇家图书馆的汉拉字典，并同时参考汉语原版字典，以确保翻译的准确性，并在所编字典中附上汉字的正确发音或书写方法。至于汉字的书写，印刷所需的所有汉字均由傅尔蒙、德经和戴索特莱苦心孤诣刻制而成，其做事之谨严毋庸置疑。

　　我从中国带回了四本汉拉字典和两千多个例句（每个字都标注了翻译和发音）。此外，家父还给我留下了几本中国古代和现代字典以及大量汉语著作，其中有一些甚至可为皇家图书馆补足。我可以胸有成竹地说，有了这些利器，如无他事耽搁或阻挠，我定可在规定的期限内完成这部博学之欧洲翘企已久的作品，以证明陛下慧眼独具。

小德经没有盲目照搬叶宗贤的汉拉字典，他将按字母排序改为按部首排序。我们可以注意到，叶氏字典中有9959个汉字及其对应的拉丁文，而小德经的字典中包含了近14000个汉字及其对应的拉丁文和法文。小德经使用傅尔蒙刻制的汉字并参照汉语字典《正字通》和《字汇》来印制该字典。此外，小德经早就编写过一部汉语字典，1794年他委托斯汤顿将该字典捎回法国家中，然而此事直到1800年才得以告罄。

《十九世纪外史》（*Chronique indiscrète du XIXe siècle*）提到了小德经出版汉语字典的背景：

> 我把您要的中文字典寄送给您，为了拿到它我颇费了一番周折，不过个中逸事倒是可以为字典作序。
>
> 在执政的最后几年，拿破仑认为编纂一部汉语语法书尤其是一部汉语字典无论对法国还是对他来说都是高山景行之举。这一计划出台后，媒体争相报道，欧洲汉学家对这一职位趋之若鹜，维也纳的蒙图奇先生、柏林的柯恒儒先生以及那不勒斯的哈盖尔先生为此不惜互相掣肘，甚至未曾担任官职的年轻的雷慕沙先生也在此列。
>
> 柯恒儒先生因政见之争被迫从柏林逃往巴黎避难，在这里与雷慕沙成为莫逆之交。雷慕沙一度认为自己会从众求职者中胜出，随之而来的令闻广誉和丰厚酬金也将不负柯恒儒在学识上对他的帮助。但他失策了：举国之内突然谣言四起，各大媒体放出风声称这部科学巨著比一万骑兵还要让拿破仑生畏，字典出版计划即将搁浅。生性有些偏执的雷慕沙决定对一切置之不理，将字典和语法书准备工作委托小德经先生（其父德经为文学院前院士，小德经本人也是法国研究院的通讯员），他曾作为法国领事在广州居住了三十年之久。得知小德经的当选，先前互相倾轧的汉学家纷纷群起而攻之，责难他虽长居广州，却只懂得当

地方言而不识官话。

拿破仑对谣言置之不理，但负责此事的部长却乱了阵脚，如果出现什么差池，那么自己难辞其咎，于是他决定亲自与小德经先生谈谈以一探究竟。在说出心中的顾虑后，部长问小德经当如何回应对手的质疑。小德经答道："阁下，广州平民的确说方言，但所有富庶人家则说官话。咱们法国南方城市也有方言，但省长、主教和官员都说一口纯正的巴黎口音法语。广州总督一直由清皇亲擢位高德勋的权臣担任，我因职务关系只与总督及其上司往来，因而只说纯正的汉语。此外，荷兰使节团访华时，我曾作为翻译随使节团一同觐见清帝并与之交谈。再不然，您可以举办一场比赛让我和对手们一决胜负，我接受任何考验。——至此，所有汉学家缄口不语，小德经的字典编纂工作得以展开。而小德经本人颇善于博采众长，他经常不计前嫌，去请教那些曾对他严厉指摘的学者。"

在为柯恒儒的《小德经汉语字典增补》（*Supplément au Dictionnaire de De Guignes*）所撰序言《对小德经先生出版的叶宗贤汉语字典的评论》（*Examen critique de l'Edition du Dictionnaire chinois du P. Basile de Glemona publiée par M. De Guignes*）的第 28 至 29 页，雷慕沙（Jean Pierre Abel Remusat，1788—1832）列举了他在小德经所编汉语字典中发

现的主要错误：

我们认为《汉字西译》堪称传教士所编汉欧字典中的巅峰之作，而若要出版一部汉语字典，最好的办法莫过于从诸多漂洋过海的字典抄本中选择一本进行编纂。小德经的这部字典值得称道，但也不乏诸多谬误，作为编者的他应一一修改。在此我们将列举出其中的主要错误，并附上若干匡正后的范例。

1. 同一个词的词义顺序颠倒：本义通常置于末尾或完全缺无，又或者只取其主要含义而忽略了其他非常重要的含义。

2. 每个词的例句不足：这些例句是汉语的根底，句中汉字的含义却总是被更改甚至丢失。一部好的字典应包含各种各样的例句，叶氏字典第四十章未提供例句，小德经也没有在此基础上进行任何补充。

3. 所有语句和示例仅用拉丁语写成，这给翻译带来了极大的不便和困难。因此需要附上所有句子对应的汉字，但小德经先生似乎没有考虑到这一点。

4. 叶氏字典中的变体字甚少，也常常忘记标注同义词。这一点在汉语中至关重要，而小德经先生不仅没有补遗，甚至自行删去变体字并去除了古汉字。

5. 最后，对于身居中国的人来说，《汉字西译》是一部很好的词汇汇编，可用于查阅书籍和信函、翻译个别字词或撰写布道教义，但该字典未涉及历史、地理、科学、哲学、艺术、商业、航海和各种技术术语，小德经先生应增益其所不能，并根据想在欧洲学习汉语的文人雅士的需求对字典进行调整。而除了顺序调换和几处小德经输入的错误字符，经小德经之手出版的叶氏字典可谓原封不动。

雷慕沙提出的这些评论更多针对原作者，对小德经只是间接指出其作为编者的失职。雷慕沙真正批驳小德经的地方在于他剽取了叶宗贤的字典却没有署上对方的名字："小德经先生的这部字典中唯一不是叶宗贤完成的部分是序言和简介。"但我们需要知道的是，雷慕沙本人首先承认小德经所作的贡献，此外，叶氏字典按音排序，而小德经的字典按照214个部首排序，因此无论雷慕沙做何评述，这是一个本质的区别。再者，雷慕沙对小德经明显有刻意诋毁之意：

  编者最遭人诟病的地方在于他删除了通俗变体字、缩写词以及迄今书中仍广泛使用的古文字。

如此，雷慕沙为柯恒儒铺平了道路。希望他对柯恒儒的卑劣行径一无所知。

"自1797年以来，"柯恒儒写道，"我一直坚持不懈地学习汉语。在每天使用天主教传教士所编字典的过程中,我发现其中难免出现谬误(此处涉指叶宗贤的汉拉字典),于是我尝试进行一些改正和添补来补阙拾遗。经过二十年的日积月累,这些材料的数量已相当可观。1813年小德经《汉法拉字典》出版后,我想将这些材料作为该字典的必要补充。于是我在1815年开始刊印,殊不知身在广州的马礼逊(Robert Morrison,1782—1834)与此同时也在编纂汉英字典,他对外宣称这是一部译著,较先前奉康熙帝之命翻译的作品大有改观。"

1819年,柯恒儒编纂的《小德经汉语字典增补》付梓,其中仅对214个部首中的前61个部首(到"忄"为止)进行了补充。《增补》采用了傅尔蒙的汉字,但与小德经字典中的汉字又有所区别。继前言之后是一篇名为《对小德经先生出版的叶宗贤汉语字典的评论》的文章,虽然匿名,实为雷慕沙所作。值得注意的是,对他人如此严苛的柯恒儒却一直将叶宗贤姓名中的Glemona错误地写成Gemona。

1829年3月2日,亚洲学会应学会成员乔伊先生的请求召开会议,雷慕沙在会上代表拉斯泰里伯爵、柯恒儒及其本人组成的委员会向亚洲学会作了一份关于叶宗贤新版汉拉字典出版的报告,对小德经出版的汉语字典仍然进行了口诛笔伐。

字典出版所托付之人尽管曾长居广州，也对亚洲历史和文学做出了重要贡献，但从某些方面看，对特定知识和实际信息的匮乏足以说明其轻率粗疏、经验不足。传教士所编字典口碑载道，叶宗贤的《汉字西译》尤甚，编者有幸寻获了这部字典的精良抄本，也就是著名的《梵蒂冈字典》。小德经编纂而成的新版字典除了汉字排序倒换之外，几乎与原著并无二致，这样的更改虽不无小补，却毫无技巧可言。该字典中将按字母排序改为了按部首排序。此外，叶宗贤的名字不知为何被抹去了。不难想象编者、援之以手的文人墨客包括政府都对这一字典出版计划进行了大肆宣传，否则印刷一本简单的词汇书不会拨款力度如此之大。尤其令人匪夷所思的是编者斥巨资采用不合时宜的活版印刷术，只为将一部薄薄的字典经变成一部使用不便、无法携带的对开本巨著，恐怕要令不少热衷汉语学习的人望而生畏。

雷慕沙在报告中说道：

我与拉斯特里伯爵通力合作，制定了重印叶氏字典的方案：该字典为八开本，采用平版印刷和活版印刷的混合工艺，可避免木质印刷带来的高昂成本。但该工艺可能也会耗资不菲，而且需要一名编辑费心劳力，统筹兼顾。

我喜闻乔伊先生与一位名叫库尔兹的年轻巴伐利亚人已在共同整理手稿，以期实现叶氏字典的再版。与《汉文启蒙》一样，我将在该字典中采取我汉语课上所用的拉丁语字典格式。我打算用平版印刷工艺，也就是所谓的真迹复制工艺来刊印汉字及其拉丁语解释，这就意味着我会定期转录词汇，描摹文字用以形成印版，再以普通方法绘制校样。该方案在于溯本求源，力求还原叶宗贤的汉语字典，不作任何增补，也没有明显改动，仅参考所能获得的各种抄本以呈现出尽可能精炼又正确的文本。我认为应保留汉字按字母和注音排序的方式，既因原著如此，也因这有助于寻找变体字，区别同音字，更便于初学者大声朗读汉语。从某种程度上看，这种排序方法确实比按部首排序更为方便。若我们在字典最后添加一个部首索引，遇到不认识的汉字时便可借助索引找到发音，如此设计堪称两全其美。

乔伊先生分文不取，负责执行该字典出版计划，他介绍道：

字典正文部分仍包括一万两千个汉字，共计六百页，八开本。正文后会附上小德经先前删去的索引和表格，计两百页。这部八百页的八开本字典的篇幅比诺埃尔先生编纂的拉法字典还少了五分之一。相比1813年的鸿篇巨制，它不仅囊括了其中所有的重要内容，更增补了其因篇幅所限无处安置的大量索引和重要表格。

报告结束时，委员会请求亚洲学会担任三千法郎的字典出版费用，分两年支付。尽管有委员会的鼎力支持，但该计划不知为何未能付诸实施。

几年后，笔耕不辍的鲍狄埃（Guillaume Pauthier, 1801—1873）采用勒格朗（Marcellin Legrand）刻制的汉字着手编纂第二版《汉字西译》，《学者报》（*Journal des Savants*）于1837年8月刊第502页刊登了如下告示：

> 叶宗贤《汉拉字典》初版1813年（对开本）由小德经先生梓印，第二版（八开本）由鲍狄埃先生复审、修正、完善。新版字典约有1280页，将以五页纸分册的形式出版，每册售价五法郎，在雕刻师兼编辑勒格朗先生（谢尔什-米蒂大街39号）、亚洲学会会员卡辛先生、亚洲学会出版商杜普拉先生和印刷商特佐洛先生处均可订阅。

该字典最终未能付梓。原定计划是订阅者满三百人后出版第一分册，极有可能因订阅人数不足作罢。

直到 1853 年，新版《汉字西译》才由小杰罗姆·芒日埃（Frère Mineur Jérôme Mangier）在香港出版。然而这部字典只是 1813 年版字典去除了法语对照的重印本，或者更确切地说，此作其实是李秀芳神父（Benjamin Brueyre, S. J.）1847 年在南京复制的汉拉字典手稿，只是被芒日埃将功劳归为己有。

汉语字典出版后，小德经逐渐归于沉寂，1845 年 3 月 9 日，86 岁的他在巴黎悄然而逝。

小德经汉语字典的出版让汉语爱好者们热情高涨。自称"文人"的杜法耶尔神父（Abbé Dufayel）于法国共和历十一年（1803 年）发表了一部有助于学习和理解汉语的作品集，该作品集中有一半都是论文，却未曾得以问世。不过杜法耶尔神父曾刊刻有《四书》中的《大学》：一共三十版，每版六列，每列十字，用铜版雕刻法单面刊刻而成，精雕细刻，卓尔不凡。该翻版未标注法文标题和注明日期，也未批量印刷出售。以上应该就是杜法耶尔神父的所有汉学著作。

无独有偶，对汉语同样兴趣盎然的席林·冯·坎施塔特男爵（le baron Schilling von Canstadt）也出版了《大学》（圣彼得堡，对开本），此外还刊行有《中庸》。这两部著作有助于我们理解勒瓦瑟（J. C. V. Levasseur, 1795—1862）亲笔复制的《中庸》和《玉娇梨》（1829）。亚洲学会曾于 1830 年订购了 50 册《玉娇梨》。

由此可见，汉学研究于十九世纪初在法国兴起，此时的汉学尚未形成真正的学科，缺乏系统的方法和目标，只凭某个汉学家的一腔热忱在迷雾中摸索探究。直到一位旷世奇才的出现，法国汉学才得以拨云见日，奠定了坚实的基础和方向：此人便是法国汉学先驱雷慕沙。

雷慕沙1788年9月5日出生于巴黎，父亲让·亨利·雷慕沙（Jean Henri Rémusat）来自格拉斯，是一位外科医生。少时的雷慕沙立志承袭父业，1813年获得了医学博士学位。雷慕沙在树林修道院时读到了特尔桑神父（Abbé Tersan，1736—1819）丰富的藏书，其中一本中国植物学著作决定了他的职业走向。他满怀热情投入汉语和鞑靼语学习，1811年在23岁的时候发表了第一篇力作《论中国语言和文学》（*Essai sur la langue et la littérature chinoises*），由此踏上了康庄大道，此后发表的几篇论文让雷慕沙声誉鹊起。1814年11月29日，法兰西学院为雷慕沙设立"汉文与鞑靼文、满文语言文学"教席，雷慕沙于1815年1月16日正式授课直至1832年6月4日去世，继其之后儒莲（Stanislas Julien，1797—1873）、德理文侯爵（Le Marquis d'Hervey de Saint Denys，1822—1892）和沙畹（Edouard Chavannes，1865—1918）先后担任该教席，在汉学史上留下了浓墨重彩的一笔，此不赘述。关于雷慕沙的职业生涯和科学论著，我们另将撰文细论。

最后，我想引用一部词汇书①的篇首语。此书开宗明义，开头是这样写的：

> 以往所有探讨词源和语源的文章无一触及语言之本初，只是徒劳无益的尝试罢了。这部汉语字典初辟鸿蒙，使这一目标首次得以实现，由此我们可摒弃过去的错误理念，了解原始汉语。我们会发现汉语是万物之始：语言、专有名词、地名，甚至所有词义均衍生于此。

目前此书尚未梓印，不过倒不必为此抱憾。

---

① 《洛林方言、法语专有名词和地名词的词源和音调对照，以及语言形成前的汉语原始语词汇汇编》(*Vocabulaire de Rapprochement Etymologique et Metonomasique du Patois Lorrain, de mots français de Noms Propres Et de Noms Geographiques, Restes de La Langue Primitive avec le Chinois Precédé d'observations sur la formation des Langues*)，查理-利奥波德·马修著 (Charles-Léopold Matthieu)，南锡前议会代表、律师、国内外多个学会会员，南锡，1821年，四开本，第86页。